地中海与东方学国际研究协会
INTERNATIONAL ASSOCIATION OF
MEDITERRANEAN AND ORIENTAL STUDIES

北京大学考古文博学院
SCHOOL OF ARCHAEOLOGY AND MUSEOLOGY,
PEKING UNIVERSITY

丛书名称

亚欧丛书 EurAsia Series

Founded by **发起人**

尼奥利（意大利亚非研究院）
GHERARDO GNOLI (Istituto Italiano per l'Africa e l'Oriente)

赵辉（北京大学考古文博学院）
ZHAO HUI (School of Archaeology and Museology,
Peking University)

Directed by **执行干事**

魏正中（北京大学考古文博学院）
GIUSEPPE VIGNATO
(School of Archaeology and Museology, Peking University)

达仁利（地中海与东方学国际研究协会）
FRANCESCO D'ARELLI
(International Association of Mediterranean and Oriental Studies)

—— 6 ——

亚欧丛书 EurAsia Series

6

丝路探险

1902—1914年德国考察队吐鲁番行记

ABENTEUER SEIDENSTRASSE

DIE BERLINER
TURFAN-EXPEDITIONEN
1902-1914

〔德〕卡恩·德雷尔 (Caren Dreyer) 著
陈婷婷 译

上海古籍出版社
SHANGHAI CLASSICS PUBLISHING HOUSE

本书的出版得到中央高校建设世界一流大学（学科）和
特色发展引导专项资金的资助

本书的翻译工作由德国恩斯特·瓦尔德施密特基金会、
印亚艺术学会以及德国东亚艺术学会资助

Die Kosten für die Übersetzung übernahmen die Stiftung Ernst Waldschmidt,
die Gesellschaft für indo-asiatische Kunst, und die Deutsche Gesellschaft für Ostasiatische Kunst

/ 中文版序 /

I am very happy to present to the Chinese public the result of my studies on the historical materials of the German Expeditions to Xinjiang (1902–1914).

In the 20th century wars and turmoils as well as destructions and displacements of many kinds have affected Germany as well as China. Collecting the spoils of the past, tracing information and visual materials in documenting past events had to wait until we recently grew into a new age of international cooperation and scientific exchange. When explorers from Europe formerly travelled east in order to study the world they felt important as they were contributing to the common pool of knowledge. Looking at our source materials we today try to get to a new understanding. In the age of open sources and fast communications we share information around the globe. Any reader is now able to contribute to our pool of knowledge from his educational point of view and the sources at his disposal.

In this spirit hopefully my book may make the Chinese reader understand not only the intentions of the past explorers but also that their documentation of everything they saw and felt important opens for all of us today a window into a bye gone past that otherwise would have been lost.

Dr. Caren Dreyer

我非常高兴能与中国读者分享根据德国考察队1902—1914年间，在新疆考察所收集的相关历史资料总结出的研究成果。

20世纪中，战争、社会动荡以及各种破坏行为和流离失所，对德国与中国都造成了巨大的影响。时至今日，进入一个能够开展国际合作与学术交流的新时代，我们才有机会去重新整理带回欧洲的文物，并在过去的记录中寻觅相关信息和视觉资料。昔日，来自欧洲的考察者们在探索世界的过程中向东游历时，自认为他们的研究至关重要，因为他们相信是在对人类共同的知识宝库作贡献。我们今天尝试着重新理解那些原始材料。在这个信息公开与沟通便利的时代，我们与全世界共享信息。如今，任何一位读者都能从自身的教育理念出发，用他所拥有的资源为我们的知识宝库作出贡献。

本着这样的精神，我希望本书不仅能让中国的读者了解过去那些考察者的意图，并且能通过他们所记录的所有重要见闻推开一扇窗，让今天我们所有的人有机会探知那些消逝的岁月，否则它们终将彻底消失在历史的长河中。

卡恩·德雷尔博士

目 录

第二次考察：勒柯克的凯旋 111

1904年11月至1905年12月

乌鲁木齐—吐鲁番—哈密—吐鲁番—库车—喀什噶尔

第三次考察：格伦威德尔的历史性时刻 161

1905年12月至1907年5月

喀什噶尔—库车—喀喇沙尔—吐鲁番—
乌鲁木齐—吐鲁番—哈密—吐鲁番—
喀喇沙尔—乌鲁木齐—塔尔巴哈台

/ 凡　例 /

一、人名、地名和一些机构名称等在后文附有翻译对照表。人名在书中首次出现时，为全名翻译，之后只保留姓氏，有固定翻译的除外，如马继业（George Macartney）。有些地名是德国人按照当地人读音以拉丁字母按德语习惯拼写，译者无法准确翻译的，保留德语原文。引用自不同考察者记录的地名拼写可能有差异，有些地名会有多种拼写方式。

二、书中插入的引用文献出处为作者自定的缩写，其对照的具体文献可见于后附的参考文献中。参考书目保留原文，有中文译本的附上译本信息。参考文献中有两个为未发表材料，其中缩写为Slg. Reischl的是由Reischl, Rudolf提供的其家族所有的未编号信件、照片和相关资料；缩写为TA的是柏林亚洲艺术博物馆所藏未发表的吐鲁番考察文档，包含21个合集中的6 428件文件与463幅绘图。

三、书中插图均系原文插图。

四、书中所有脚注皆为译注。

引 言

坐落在即将开馆的柏林洪堡论坛内的亚洲艺术博物馆，隶属于普鲁士文化遗产基金会的柏林国立博物馆，没有任何一座西欧的博物馆能拥有如此独特的来自中国新疆地区的手工制品、艺术珍品以及文书的收藏。

我们今天对于丝绸之路北道上的艺术与文明的了解，根本上源自1902至1914年间，受柏林民族学博物馆委托，由阿尔伯特·格伦威德尔与阿尔伯特·冯·勒柯克率领的四次以吐鲁番和库车地区为中心的考察，主要的考察点位于塔克拉玛干大沙漠以北的吐鲁番盆地中。格伦威德尔、勒柯克以及其他工作人员倾注大量心血，为国际学术界开拓了这片疆土。

依照当时惯例，他们不仅带回了绘图和记录性资料，还有大量的实物，以便在柏林进行深入研究。如果没有这些考察材料，现在我们必然对于这些衔接地中海西岸与远东地区的商路，以及在丝绸之路沿途生活、经商的民族、同语族群和宗教团体所知更少。

第二次世界大战结束以后，大部分中亚的艺术品自1972年起在位于达勒姆区的亚洲艺术博物馆中展出。而在未来的洪堡论坛博物馆，将有一场以吐鲁番地区佛教艺术品为主题的大展，展出的内容会比以往都更为丰富且令人难忘。因而眼下正逢良机，给予这几次考察中记录性的成果以同等的重视。毕竟研究者们自中亚带回的文字记录和照片涉及众多原始资料，其中包括亚洲艺术博物馆保存的几百张在新疆拍摄的大玻璃负片，还有上百张测绘图和大量记录考察期间见闻的书信及报告。

为了整理这些封存至今、极具说服力且意义重大的丰富材料，卡恩·德雷尔博士以其专业素养倾注多年心血，最终完成此书。德雷尔首次于书中描述了这些考察的具体行程，并将其与相关的历史背景紧密结合。这样一本书正是长久以来中亚研究的迫切所需。虽已有一些重要出版物针对吐鲁番地区的佛教图像做了艺术史研究的评估和整理，然而了解这些成果是如何获得的，领队与其他队员各自经历了什么，意义同样非比寻常。

感谢卡恩·德雷尔为我们带来这本图文并茂的书籍，书中囊括了三百多张历史照片以及许多博物馆藏品的图片。未来参观洪堡论坛内展览的来访者，便能借此更深入地理解这些来自新疆的藏品。同时它也为对历史文化和研究史感兴趣的读者，阐释了在第一次世界大战前，如何计划并且实现这些长途考察。书中描绘了时代的精神，以及一战前至当今学术的开创与研究方法的变迁。

普鲁士文化遗产基金会主席　赫尔曼·帕尔辛格

Hermann Parzinger

1 | 来自柏孜克里克第20窟内环绕内殿的礼拜道中的誓愿图。

2 | 1913年的库车绿洲，萨乌特伊玛目与家人在葡萄架凉棚下消暑。

3 | 民族学博物馆第四展厅入口处。

导言

大型探险之缘起

柏林博物馆放眼吐鲁番

19世纪末，研究人员与发现者在欧洲开启了一个新的时代。不仅是科技创新和工业发展改变了人们的认知及生活态度，语言、文化和宗教领域知识的更新也提供了关于各种社会和文明现象的解释模式。总有旅行者和研究人员将一些原被认定为湮灭文明的新证据以及过去不为人知的情况带回家乡。

他们为了本国的科学研究，搜集世界各地的文物，这些文物加上从中所获取的知识，常常能掀起一股热潮。在各个社交聚会、社团和沙龙中，兴致盎然的观众们一齐见证了知识领域中的空白如何逐一消失，而为此有所贡献便是一种荣誉。

柏林的形势则更为特殊。帮助处于上升期的帝国首都，在艺术和科学领域中取得世界级的地位，是许多家境殷实市民的心之所愿。他们投身其中，加入促进会，或者成为研究活动与收购艺术品的赞助人，从而受到世人尊敬。

4 | 由建筑师恩德与伯克曼设计，于1886年开馆的柏林民族学博物馆坐落在今天的格罗皮乌斯博物馆旁。在克尼格雷茨大街（如今的施特雷泽曼大街）与阿尔布雷希特王子大街（如今的尼德尔克尔新纳大街）交汇处与马丁·格罗皮乌斯建的工艺美术品博物馆形成了和谐的一体。

此般情势之下，“民族学辅助委员会”于1881年成立了，它为1873年始建、1886年开馆的柏林皇家民族学博物馆添置所需及出行考察提供了资金。1888年又组建了“东方委员会”，继而于1898年成立了“德国东方协会”。后者资助了在近东开展的一系列发掘活动，专为柏林博物馆提供藏品。于19世纪便备受关注的最近一次大型考察活动，是罗伯特·考德威在巴比伦为向柏林博物馆输送文物而进行的发掘，否则这些文物只有在伦敦或巴黎方可得见。

5 | 1902年，格伦威德尔在第一次考察前，长时间坐在民族学博物馆的办公桌前为考察做准备，与世界各地的研究人员以及政府部门联系。

几乎与考德威的前期工作同步，圣彼得堡俄国科学院的季米特里·克莱门茨于1898年第一次领队到中国的新疆地区进行考古调查。隔年，俄国学者们便告知了柏林的同行大量遗址的所在，特别是在乌鲁木齐东南200公里的吐鲁番绿洲中所发现的丰富遗迹，以及当时因农业与过度开发而导致遗址破坏加剧的情况。俄国学者们带回了一些写本残卷和摹绘的佛教壁画，以便深入研究。

柏林的印度学学者阿尔伯特·格伦威德尔和乔治·胡特明白，这为他们研究佛教提供了极为难得的机会。这些遗址之前仅是推测可能与佛教寺院有关，如今证据确凿：僧房、讲堂、窣堵坡和佛殿，部分还装饰有弟子及佛像的彩绘。

这些发现为新的基础性研究开启了一扇大门。考察队能够去记录那些过去往来于中印之间的僧侣们沿途休息与禅修过的寺院和其他宗教建筑。他们还能去保护那些传播佛教教义与教派的写本资料，并有机会结缘一个绘画的世界——当中不仅描绘了神话的或宗教的人物及事件，还能够让人在这个几乎被遗忘的世间角落里，了解到千年前的审美与生活。

这项研究预计短期内即可极具说服力地阐释中国与西方的来往，希腊世界和伊朗文化的东渐，还有语言、建筑风格、艺术与文化的传播及衍变。参与其中，便能涉足崭新领域，为学术研究征服一片新大陆。

而学者们也明白，远赴天山另一面的目的地去开展一次真正成功的考察，会多么耗时费力且花费不菲，同时获取经费与各种许可也会有诸多困难。将一切可能考虑周全，前景便明朗许多——展开国际间的合作很有必要。

在俄国科学院成员威廉·拉德洛夫的倡导下，数月间便以燎原之势于欧洲柏林、巴黎、哥本哈根和布达佩斯等地成立了当地的中亚研究委员会。而在圣彼得堡，由沙皇资助设立的中央委员会，负责考察的协调工作以及成果的出版。他们还承担了一些其他相关事务，如获取通行俄国的签证及运输许可、购买车票、收编将来作为共享资料在圣彼得堡出版的研究报告。而20世纪初的政治局势，实际上却阻碍了这种通力合作在大范围内实现。

之后数年间，不仅俄国的克莱门茨的后续考察未能成行，西欧的大多数国家也同样如此。

尽管业内人士欢欣鼓舞，但当时对这一文明史上重要史迹的

6 | 1906年，在民族学博物馆的入口大厅处，一尊来自日本的阿弥陀佛作为主尊迎接参观者。其上方的穹顶上，有星相、人类生命的各阶段以及西方文明成就的图像，充分展示了当时以欧洲为中心的视角对欧洲以外的展品与世界文化的观察。

研究还只是具有开展的可能性，暂不足以说服政府出资支持进行一次远在本国人视界之外地区的考察。

只有英属印度，除眼光长远外，还对相邻的中亚有经济和军事上的野心，故于1900年5月派出了一队人马。当时在印度为多个教育机构工作的马尔克·奥莱尔·斯坦因，在一个地理测绘项目的框架内，领导了对丝绸之路南道的考古研究，并让印度的专家对地形、道路及古迹进行了测量。这次大规模考察行动与他后续的三次考察一样，一定程度上引发了欧洲其他帝国于欧洲之外的竞争，不过后来的那些考察也的确足以与斯坦因的卓越成就相提并论。

在柏林，一些颇具影响力的人士找到了资金和门路，使得一项开销巨大、如同去巴比伦一样的多年考古计划得以通过并启动。估计正是如此迅速的、几乎毫不官僚的方式，使得柏林的印度学学者们信心大增，开始着手实施计划。虽然他们的项目并没有立即得到博物馆领导的全力支持，没有像在近东一开始便计划多年的发掘项目一般，获得那么丰富的配给。1902年，考察领队格伦威德尔终于拿到了所需物资。这批物资主要来自赞助过考德威的出资人弗里德里西·克虏伯以及詹姆斯·西蒙。1902年8月11日，格伦威德尔与他的同事胡特及技术人员特奥多·巴图斯踏上了远赴“吐鲁番”的征途，而在此地区的所有后续考察便皆以此地为名。

1903年回到柏林之后，一切都变得容易起来。多家报纸报道了这次成功的考察，格伦威德尔展示了那些令人难忘的寻获之物及购买所得，而学者们则争相研究带回的那些写本残卷。几个月后，当确认在“吐鲁番”发现了10世纪以前便到欧洲来传教的摩尼教徒的踪迹之时，所有的大门都为紧接着的第二次考察敞开了。

自此以后，考察便赢得了大量的公众支持。第二次考察始于1904年9月，持续至1907年6月最后一个队员回归。此次长期考察活动的第一阶段中，阿尔伯特·冯·勒柯克和巴图斯再次调研了吐鲁番地区的遗址。格伦威德尔和他的助手赫尔曼·波尔特于1905年12月才终于抵达了喀什噶尔（今喀什），在此与勒柯克会合并接替其成为考察领队。他们之后一道于库车、喀喇沙尔一带，考察了遗址和石窟。在勒柯克因健康原因于1906年7月独自回国之后，格伦威德尔便带着巴图斯和波尔特继续前行来到了勒柯克之前在吐鲁番调查了一年的工作区域。

此次出行成果斐然，入藏博物馆的文物数量极为可观，因其间有过两位领队，后来便被断为了两次考察。为了能将文物粗略整理一番，就已使博物馆印度部于1907至1908年间因场地不足而关闭了一段时间。

学者们对于新研究材料的期盼永无止境。纵然许多问题还没有答案，甚至还有新问题产生，人们还是很快了解到了更多有关佛教传向中国的线路的情况——关于那些寺院与佛堂，以及它们的建筑、装饰、图像传承与图像志。人们知晓了丝绸之路上一些摩尼教与基督教修道院的情况，并研究了其中所寻获的写本及壁画。还考证出了隶属印欧语系、此前却不为人知的吐火罗语，它与古突厥语一样出现在大量写本与铭文中。佛经写本残卷证实了新的经文源流，而大量的世俗文书则展示了不同民族、不同语言民众们的日常生活。

柏林于这些年间发展成了“吐鲁番中心”。全世界的专家都来参与对写本的考证，附带参访民族学博物馆和柏林科学院。自1911年起，他们的参观首选便是位于博物馆“吐鲁番展厅”中来自柏孜克里克以及克孜尔的壁画。还有就是自1903年起，在三楼入口处的大厅中展出的来自19世纪“突厥斯坦”的民间艺术、陶瓷及服饰。而新疆艺术的全貌便只缺少来自丝路南道的文物了，尤其是为英属印度效力的斯坦因在考察中的那类收获。

在这期间，更多的考古队伍来到了中亚的东部。来自俄国的别列佐夫斯基兄弟（1906—1907年）、谢尔盖·奥登堡（1909—1910年）、马达汉（1906—1907年），法国的伯希和（1906—1907年），日本的大谷考察队成员（1902—1904年和1908—1909年），以及首屈一指的来自英属印度的斯坦因，都带走了大批资料。1907年，欧洲人获悉了敦煌莫高窟藏经洞，斯坦因与伯希和以研究为名，购置了数百件写本与佛幡。其后，奥登堡（1914—1915年）以及受大谷派遣的僧人们（1910—1914年）皆如愿来到敦煌，而斯坦因（1913—1916年）也再次到来。

7丨来自世界各地的学者参观来自柏孜克里克（第20窟）的巨型壁画，它表现的是一位过去佛预言释迦牟尼将会成佛。其面积超过150平方米，位于第十展厅的墙面上供人观赏。在欧洲，此前无人知晓誓愿图。

为了争先获取丝路上的珍宝，德国的学者们也制定了新的考察计划。至1912年，以前考察的重要成果皆已出版，从中亚带回的写本也悉数交付了科学院后，既定目标业已实现，便可着手准备一次新的考察了。

而当时不曾想到，1911年中国辛亥革命之后的中俄边境地区非常不安定。北京的中国外交部不发放签证，喀什噶尔的英国总领事馆同样也发出了旅行警告。

1913年初，当地局势稍缓，勒柯克与巴图斯才能在博物馆的支持下，冒险成行。而他们去敦煌或丝路南道地区的计划，终究还是得放弃了。

因为没有北京发放的签证，他们只能持在喀什噶尔签发的地方性居留及工作许可冒险行至库车，此地尚属于颇有势力的喀什噶尔总领事马继业爵士的管辖大区。而他们在当地的工作也因环境的不安定而不得不仓促结束。杀戮时常发生，投机者和冒险家也在胡作非为。这些都让人为古迹的安全感到忧心。勒柯克因此坚信，这次新的考察应尽可能多地把那些不可或缺的研究材料保存下来。他当时将自己视为文化的拯救者，而博物馆才是丝路上这些艺术品的安全归宿。

在他们返回柏林多年之后，战争引起的动荡也已平息，勒柯克终能梦想成真，让丝路上的珍宝在他亲自策划的一次堪称典范的展览中有了新的栖身之所。自1928年起，占据了施特雷泽曼大街上的民族学博物馆底层一半的两个大厅，外加在新扩建的附楼中布置出的十个小间，容纳了这些由格伦威德尔和勒柯克以及同事们历尽艰辛带回柏林的罕见藏品。因首次介绍了佛教及其艺术品在丝路北道上的传播路线，此次展览获得了世界的认可。在这片广阔的地域中，跨越数百年，经由不同的族群及宗教团体轮番参与而构建的文明，在此处被极具美感且清晰易懂地逐一呈现。

然而，若政治环境不允许，博物馆也非安全之所，无法保全文明与文物。由于二战爆发，大多数斥巨资修护好的壁画和雕塑只得被打包收藏起来。其中许多保存在圣彼得堡和莫斯科，如今正

8 | 众多佛教造像中，特别引人注目的是一尊来自今巴基斯坦及阿富汗的犍陀罗地区的“悲伤的弥勒”。这尊以高浮雕呈现、在天宫中等待降世的未来佛，正若有所思地注视着凡尘。此像现藏圣彼得堡。

旅途艰辛

20世纪初，如有人想要从柏林出发，穿越俄国去中亚，必须花费大量时间。乘火车穿越波罗的海地区，到达维尔巴利斯，再折回车尔尼雪夫斯科耶，因俄国和德国铁轨的轨距差异，必须在此换车，再途经普斯科夫到达伏尔加河畔的雷宾斯克。如需要，还可中途绕道去趟圣彼得堡，然后乘蒸汽轮船从雷宾斯克抵达萨马拉（今古比雪夫）。旅客们于1902年可从此处乘坐横穿西伯利亚的列车前行一段去往鄂木斯克。而1904年，当勒柯克和巴图斯第二次出发去吐鲁番考察时，他们已能在莫斯科上车；乘船从鄂木斯克继续前行，沿额尔齐斯河逆流而上到达塞米巴拉金斯克（今塞米伊）；在那里购买马车，再沿陆路前行，马匹可在沿途驿站定期更换。自谢尔基奥波利（今阿亚古兹）起，有两条线路通往新疆：一条经科帕尔到扎尔肯特，然后途经边境的霍尔果斯抵达固勒扎（今伊宁）。另一条路通过巴赫特边境站到达塔尔巴哈台（今塔城）。这两条穿越了今天的哈萨克斯坦及其北面的吉尔吉斯斯坦的线路，是通往乌鲁木齐和吐鲁番的最佳路线。如打算途经喀什噶尔进入新疆，则要选择穿越费尔干纳山谷的路线。这种情况下，要从莫斯科坐火车到萨马拉，然后转乘中亚线火车途经奥伦堡、塔什干、安集延开往奥什。到此为止，旅途中都还相对舒适，而后便要看是否选择了正确的季节。也就是说，能否骑马、骆驼或者牦牛通过位于奥什和中国边境口岸伊尔克什坦之间的捷列克山口。而另一条经纳伦去喀什噶尔的线路没有被德国考察队采纳过。

由于俄国这些年间政局非常不稳，途经印度往返看似是更好的选择。而的确有一次走的是这条线路，即1906年勒柯克的独自返程。他带着马队从喀什噶尔到叶尔羌，经由拉达克去往克什米尔。仅仅是到斯利那加就用了八周。之后乘火车到孟买，再乘船去往热那亚。这条线路十分艰苦，而且带着大批考察行李，耗时费力还花费不菲。因此，即使政局动荡，选择走途经俄国的路线还是比较理想的。

在从中亚的回程中，首要问题是安全运回考察收获的资料。其中大部分都委托运输公司运回了德国。而写本和其他一些重要物件则由研究人员随身携带。对于所有文物来说，都要尽可能减少运输中的颠簸，尽量避免用马车运输较长的线路。鉴于1903年奥伦堡到莫斯科的铁路还没有完全竣工，格伦威德尔选择乘火车由安集延到克拉斯诺沃茨克，再从那里乘船穿越里海，经巴库到达阿斯特拉罕。那些行李便由蒸汽船载着沿伏尔加河经喀山运往圣彼得堡。与此同时，格伦威德尔和巴图斯继续乘火车经莫斯科去圣彼得堡。此后数年，格伦威德尔和勒柯克都在乌鲁木齐或喀什噶尔将东西装箱托运，由运输公司经塔尔巴哈台或伊尔克什坦将其运至最近的铁路线，并最终送达柏林。

逐步向公众开放。而那曾备受瞩目的超过3米高的巨幅壁画，如不将其再次切割成小块，便无法从墙上取下。遗憾的是，它们最终毁于炸弹和消防用水。回顾勒柯克所“拯救”的壁画，也因此有了一点苦涩的味道。况且据我们所知，那四次考察曾经到达的地方，虽历经大肆破坏，但也大都得以幸存至今。

博物馆收藏文物不仅有助于保存，同时也为了对其进行研究。就这一点来说，四次“吐鲁番考察”为学术研究作出了巨大贡献，世界各地的学者们至今还从中获益良多。

15世纪前的丝路北道历史

至少自公元前2世纪起，中亚东部的历史便与中国紧密相关。主要涉及的朝代为汉、唐、元以及清。

匈奴，是一个长期威胁中国，在西方通常被称为“匈人”的游牧民族联邦。为与其抗衡，中国使臣张骞于公元前2世纪出使西域寻找同盟者。他以旅途中所获取的一些对中亚的认识，主要是与之通商的众多可能性，说服了朝廷去征服如今隶属新疆的这片土地。虽然朝廷长时间在此地驻扎军队并接受纳贡，但他们的统治却是较为松散的。

自2世纪汉代末年起，当地的权贵赢得了更多的自主权，而外来的突厥部落还在吐鲁番地区建立了短暂的王朝。库车的吐火罗王朝约于4世纪统治天山以西的地区，其势力自阿克苏周边，扩张至吐鲁番之西的交河。他们还必须与匈奴周旋，因其霸权可能自4到6世纪都统治着整个塔里木盆地。在动荡不安的岁月中，无论中亚还是中原地区，人们都在寻求精神层面上的价值和对宗教信仰的认知。7世纪，伴随着唐朝的建立，中央权力逐渐强大。他们在帝国的西北，短时间内阻止了突厥部落的入侵并收复了失土。汉人接手了对哈密、吐鲁番（640年）及库车（657年）的统治。直至751年，因在今哈萨克斯坦境内巴尔喀什湖南面的塔拉斯河畔的战败，他们的西征才被阿拉伯人所终结。

9 | 中国的艺术家们是仿制人和动物的大师。这尊唐代骑骆驼的商队头领陶俑（7至9世纪）可能是以来自中亚的一位商人为原型的。

在此之前，中原王朝的统治在这一地区也并未十分稳固。大约从670至730年，而后又从790至850年，吐蕃一再将皇家军队从丝路南道上的驻地驱逐至吐鲁番和库车，而突厥也于唐朝末年侵入过此地。

唐朝的皇帝们在中亚属地建立军事驻地，并复制了汉人的行政系统。而他们主要专注于保障与西方有利可获的贸易，此外便是为军队引进并饲养备受珍视的费尔干那马作为战马。他们如同对待境内其他地区一般，纵容当地豪门显贵，任命当地权贵为军事将领和朝廷大臣，而这些人后来日趋独断专行。8世纪中期，来自粟特（伊朗）家庭的节度使安禄山在北方发动兵变，致使唐朝皇帝将回纥人自鄂尔浑地区召唤而来，帮助其抵抗叛军。其后，这些回纥人中的许多留在了中原并吸纳了中原文化。他们与那些作为远途经商主力的粟特摩尼教徒接触颇深，以致回纥可汗将摩尼教立为国教，此举估计是为在粟特商人圈中提高社会威望及影响力。回鹘人[1]大约于840年被来自蒙古地区的黠戛斯人驱逐，迫使他们大规模向中亚迁徙。许多人留在了塔里木盆地北面的绿洲中，建立了高昌回鹘。因当地盛行佛教，可能出于巩固统治的考虑，他们于10世纪放弃了摩尼教。与此同时，当地的吐火罗与突厥居民逐渐臣服于新的君主。由此，唐朝于907年覆灭前际，吐鲁番地区已建立了近乎独立的回鹘王国，它获得承认的原因还包括将吐蕃人彻底驱离。

10 | 这幅绘制于绢帛上的水墨挂轴画来自清代（1760年）的功臣像系列。所画的额尔克巴图鲁巴岱将军是为乾隆皇帝平定西域的一名将领。

因为此地被太多的民族和觊觎者在不同时期分而治之，我们无法对塔里木地区后来几百年的历史作出完整的阐述。13世纪起，一个王朝计划剥夺各个诸侯的权力，自中原起，蔓延至塔里木地区。最终，蒙古人于1271至1368年间在大都（今北京）建立元朝，与其对待其他地方一样，新疆地区也遭遇了大肆掠夺与屠戮。而后，即使他们被明朝的君主们

[1] 788年回纥改名回鹘。

（1368—1644年）驱逐至边境地带，蒙古人对于北方和东方而言却仍是长期的威胁。

14世纪，丝路北道上各城邦文化独立发展的时代结束了。喀什噶尔地区自10世纪起便开始了伊斯兰化，导致了佛教徒精英或被驱逐，或被迫改变信仰。于9世纪从今蒙古地区迁来的回鹘人，在10世纪以后促进了佛教的发展，并助其走向了新的繁荣。自11世纪起库车地区持续伊斯兰化，得益于回鹘人的庇护，佛教在吐鲁番地区得以继续发展，并且吸收了大量密教元素。1209年，当回鹘人臣服于成吉思汗时，佛教还继续存在于当地的寺院中。1390年，随着帖木儿[1]之子黑的儿火者的胜利，这位信仰伊斯兰教的可汗由此开始了对吐鲁番的统治。而那些佛教圣地仍旧在一段时间内，继续在当地受到敬仰。

当德国考察队来到新疆

自古以来，华夏帝国便不曾想过放弃距中原遥远的西北地区，主要是因为那是通往西方的商贸之路，同时能对好战的游牧民族起到缓冲作用。唐朝之后的数百年间已然说明，纵容地方权贵，便会让其日益壮大，威胁到中原腹地。而在非汉族的其他民众中，他们确实有许多拥护者。由此，清军自1755年起，为了平定叛乱的准噶尔部，进行了一场持续多年的战争。胜利以后，他们便在北疆建立了新首府乌鲁木齐，并在塔里木盆地的叶尔羌设立了行政机构，将其纳入了帝国版图。

18世纪末，这一地区首次以新疆为名（新的边疆），由驻扎在伊犁地区的一位将军管辖。在北疆，让清军实行军屯，而在塔里木地区，则委托当地的显贵管理行政事务。“突厥斯坦”的和卓们代表了另一种权力因素，这些穆斯林的达官显贵所追随的苏菲

11 | 纳克什班迪教团的苏菲兄弟会成员自伊斯兰化开始便深入参与了新疆的政治活动。优素福和卓的陵墓至今仍是喀什噶尔地区的圣地，他的儿子[2]曾于17世纪统治该地区。

[1] 原文如此。

[2] 即阿帕克和卓。

派纳克什班迪教团，宗旨是将信徒都团结起来，并行使世俗统治权力。他们当中有很大一部分追随者来自帕米尔以西的国家。吐鲁番的统治者额敏和卓也是其信徒之一。这些和卓中有许多被清军视为叛乱分子驱逐了，由此他们便在“西突厥斯坦”煽动对抗清朝统治。

北疆官屯中的大量移民，再加上汉人拥有的特权，激起了全疆范围内的反抗，导致数千汉人移民死于塔克拉玛干沙漠绿洲及北疆的暴乱。阿古柏领导了1867年在喀什噶尔的叛乱。他的军事专政是一段血腥的动荡时期，一度占领了整个喀什噶尔地区，并且延伸到了天山的另一面。1871年，俄国军队伺机擅自经固勒扎进驻北疆西面的伊犁地区。与几年前在新疆西部一样，这个危险国家的目的是要将那些重要的战略山口纳入沙皇的管辖区。1877年，中国军队战胜了阿古柏。平定动乱后，俄国被迫于1881年交还伊犁地区。然而却借此换取了九百万金卢布以及大量领事许可，例如俄国商品进入北疆享有关税豁免权等。因而在1884年设立的新疆省内，直到20世纪都还存有俄国势力的踪迹。

12 | 德国四次吐鲁番考察的线路主要都是沿着天山南麓的丝路北道前行。

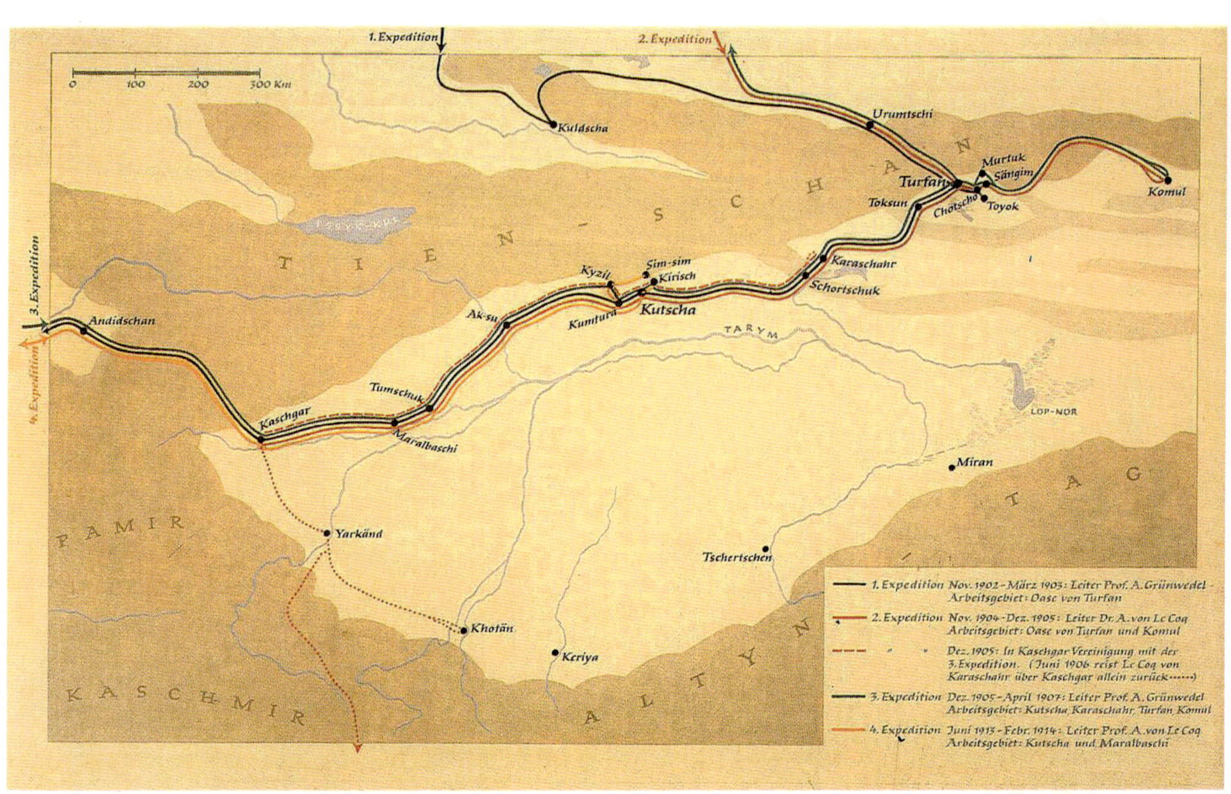

当时的新疆置有四道，虽因重税和贪污腐化的官僚体系的压迫，当地人难堪重负，但之后数年间的局势还是稍有缓和。这里几乎完全由清政府统治，北京的财政支援了农业生产和教育体系，并将维吾尔人迁至北疆一带，试图以此促进社会和睦。1911年辛亥革命之前，虽然当地仍有暴力事件发生，但总的来说，这段时间还是相对和平的时期。当国民党于1912年接手了政权，军事动乱也随之而来，东干人、维吾尔人以及其他革命力量皆对这些反抗表示同情。最为危险的是秘密结社的半军事组织（哥老会）的活动，他们以种植和贩卖鸦片牟利，自多年前起，便在今哈萨克斯坦和吉尔吉斯斯坦的边境地区活动。而他们被驱逐出伊犁地区后，还持续多年继续渗入南疆的绿洲中进行非法活动。

俄国邻居乘此过渡时期，以“保护领事馆”为由，派遣大批哥萨克军队深入腹地，成为一些地区实际上的统治者。在乌鲁木齐的新疆都督杨增新，自1912年起便小心谨慎却又意志坚定地治理新疆，不再让俄国有任何借口前来侵占。特别是1917年俄国革命以后，大批白俄罗斯军队逃往新疆，还因此受到了斯大林派兵来袭的威胁。直到20世纪40年代，新疆与苏联的经济联系都较中国更为紧密。

俄国在整个地区显眼的存在及明显的权力野心，使得其对手英国政府在“大博弈”中，于19世纪末多次在英属印度边境地区开展调查，还派遣了一位代表常驻喀什噶尔。俄国和英国为追求巨大的商业利益，均对来自其势力范围内的商人提供保护和支持。被称为白胡子的阿克萨卡尔[1]，作为利益代表将所有情报快速传递到他们的领事馆并由此换取报酬。

这些便是德国的四次吐鲁番考察所陷入的政治局势。考察队员们不断地设法战胜那些不明情况并争取在当地的竞争中取胜。而多数时候，他们都在当地官员中找到了为其铺平道路的支持者。

[1] 意为长老。

13 | 1902年，巴图斯与他的工人们在高昌故城内墙上。

壹

第一次考察：三位柏林人在吐鲁番及周边地区

1902年10月至1903年5月

乌鲁木齐—吐鲁番—库车—喀什噶尔

启程

1902年8月11日，格伦威德尔、胡特和巴图斯经过几个月的准备，终于坐在了开往维尔巴利斯的卧铺车厢中。北方快车会在大约十小时后将他们带到圣彼得堡。在那里等候的俄国同行拉德洛夫已经替他们购买了之后行程的车票并预订了座位，还办好了旅行证件。而最重要的是，他们那些装在大箱子中的考察行李无须打开，都能被海关免检放行通过俄国。相关事宜皆已提前通过柏林的外交部及德国驻圣彼得堡大使馆交涉完成。当地的科学院也在政府部门确认了柏林人递交的陈述，并且表达了自己促成这次考察的兴趣所在。如此一来，格伦威德尔只需在圣彼得堡领取运输许可，他们交运给“葛哈特与海”运输公司的考察行李即可启程穿越俄国。而拉德洛夫为出行者申请了一种安全通行证，可以证明这些考察人员在俄国境内的停留期间等同于俄国公职人员并且受到特别保护。事实证明，这种“通关证明”特别是在边境地区以及出入境时非常有帮助。尤其对胡特而言十分重要，因为他作为“犹太人”原本不允许在俄国东部及莫斯科停留。拉德洛夫还特别联系了俄国驻新疆领事馆，告知德国科学家们的到来，并恳请领事馆为考察提供帮助。

14 | 通关证明是俄国公务员出差用的一种安全通行证，行程结束后需将其交还发证机关。这一张是柏林的西藏研究者阿尔伯特·塔菲尔获取的证件，而他计划的考察未能成行。

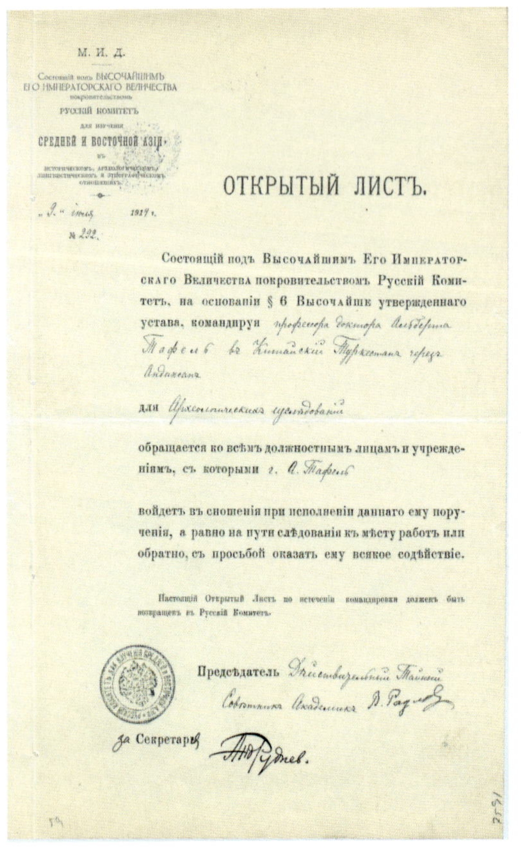

М. И. Д.

Состоящій подъ ВЫСОЧАЙШИМЪ ЕГО ИМПЕРАТОРСКАГО ВЕЛИЧЕСТВА покровительствомъ РУССКІЙ КОМИТЕТЪ для изученія СРЕДНЕЙ И ВОСТОЧНОЙ АЗІИ въ историческомъ, археологическомъ, лингвистическомъ и этнографическомъ отношеніяхъ.

„9“ іюня 1914 г.

№ 292.

ОТКРЫТЫЙ ЛИСТЪ.

Состоящій подъ Высочайшимъ Его Императорскаго Величества покровительствомъ Русскій Комитетъ, на основаніи § 6 Высочайше утвержденнаго устава, командируя профессора доктора Альберта Тафель въ Китайскій Туркестанъ черезъ Андижанъ

для Археологическихъ изслѣдованій

обращается ко всѣмъ должностнымъ лицамъ и учрежденіямъ, съ которыми г. А. Тафель

войдетъ въ сношенія при исполненіи даннаго ему порученія, а равно на пути слѣдованія къ мѣсту работъ или обратно, съ просьбой оказать ему всякое содѣйствіе.

Настоящій Открытый Листъ по истеченіи командировки долженъ быть возвращенъ въ Русскій Комитетъ.

Предсѣдатель

за Секретаря

德国人当然还与他们的俄国同行在圣彼得堡会了面，这些同行们和他们一样密切关注着考察结果，并且为助其成功贡献了相关信息和记录。首先，拉德洛夫自己便熟知中亚的突厥传统。再者，伊朗学学者卡尔·赫尔曼·舍里曼以及而后（1904年）成为科学院常驻秘书的印度学学者奥登堡，都对之前数年间所有从这一地区带回俄国的出土物及文书相当熟悉。格伦威德尔当然还拜访了季米特里·克莱门茨，他将延续克莱门茨在吐鲁番的工作；也和格鲁姆—葛西麦洛兄弟会面，他们向其展示了大量上次考察所得的未发表资料。这些柏林人还在华俄道胜银行开设了账户，以便柏

15 | 作为画家的儿子，格伦威德尔血液中带有绘画天赋。这是他所画的塞米巴拉金斯克的大教堂，他们于去程途中路过。

林存入的钱能够在中国使用。一切皆已准备就绪，可以安心上路了。

我们无法确认三个柏林人究竟于何时启程继续前行的。但他们在圣彼得堡待了应该就几天，因为乘火车前往雷宾斯克后，他们又在伏尔加河上船行数日抵达萨马拉，再乘火车去了鄂木斯克，又乘“米哈伊尔·普洛特尼科夫号”蒸汽船在额尔齐斯河上航行了五天，于8月28日到达塞米巴拉金斯克。

他们在塞米巴拉金斯克停留了四天，在此期间整理了行李，购入两辆车并租赁了马匹。此外，格伦威德尔还参观了当地博物馆的“吉尔吉斯人展览”。然后继续前行，从一个驿站到下一个，旅行者可在驿站中住宿并更换马匹。9月5日，他们到达谢尔基奥波利。如格伦威德尔给老师恩斯特·库恩的信中写到的，他在那里原本想要带走河对岸一座山丘上的“一尊非常精美的石像”（Walravens 2001：38页）。他认为这些大量出现在欧亚草原今天被称为草原石人像的纪念石碑可能是为战争英雄所立。他们几乎完全无法抵挡诱惑，想要去参观当地大量的吉尔吉斯人墓地以及石质纪念碑。但是他们必须继续前行，经科帕尔向东行驶并于9月12日到达了扎尔肯特，再于几天之后的9月18日抵达中俄边境的霍尔果斯（今霍城）。

霍尔果斯当时还是一座小城。而这一地区的商业中心是往境内方向距此一天路程的固勒扎，那是几十年来对俄贸易的一个重要据点，并驻有俄国领事馆。固勒扎在1871至1881年间，曾是沙皇俄国所侵吞的伊犁地区首府，经过旷日持久的国际谈判之后，这一地区才被归还。这次谈判中，英国驻喀什噶尔第一任代表马继业的父亲作为调停人起了决定性的作用。格伦威德尔于1905年与马继业相识，而勒柯克对他尤为感激。

9月19日，当时固勒扎的领事费多罗夫先接待了这些德国旅行者，再介绍给他们一处属于商人哈扎诺夫的住所。哈扎诺夫是鞑靼人，也就是俄罗斯的穆斯林。自1898年便生活在这个城市的费多罗夫给了他们许多有用的建议，也帮他们兑换了货币并搞定了运输工具。除此之外，还向他们展示了一个有星相图壁画的佛教石窟照片，后来德国人也在胜金口参观了这处石窟。

格伦威德尔和他的同事们在固勒扎第一次礼节性地拜会了中国官员。这属于旅行者需遵守的规则：每当他们进入一个地区，都要向当地官员递交名片，并礼节性地拜访一次。大多数情况下，其后数天内会有回访，继而他们便可在其管辖区域内自由行动。

替他们运输大件行李的俄国运输公司还有一家分公司在城里。他们便让雇来的车夫驾车取回了行李，同时购买了坐骑和几匹驮马。10月3日，他们带着小马队离开了固勒扎。

接下来的路途，格伦威德尔于1902年10月28日写给他妻子玛丽的信中作了详细描述：

……我们10月3日自固勒扎出发，4日就到了绥定，我们进入了那里一年一度的集市的中心，晚上又

阿尔伯特·格伦威德尔
（1856—1935年）

格伦威德尔的学术生涯主要致力于佛教研究。无论是僧伽罗人的巴利语，印度和中亚的梵语，还是藏语和缅甸语的资料——他全面地在这些对印度和中亚的建筑艺术、浮雕纹饰及绘画深具影响的叙事材料与宗教经典中寻踪觅迹。他试图证实波斯及古希腊罗马在印度艺术中的影响，以及作为中介角色的所谓犍陀罗艺术对中亚及东亚在风格与图像志上的浸染。

格伦威德尔不仅是一位严谨的学者，同时也是极有天赋的艺术家。他摹绘的壁画和建筑、平面图和草图，至今仍是寻找及复原佛教遗迹必不可少的参考材料。

当了多年的研究员后，格伦威德尔从1904至1921年担任民族学博物馆印度部的负责人。

16 | 格伦威德尔，约摄于1905年。

去了驻地对面的清真寺。在此地，一位中国官员拜访了我们，他答应从现在起让一名中国士兵随我们同行。这名士兵和我们同行至山前便离开了，而在我们最终翻过几个山口后，他又再次出现了。5日在Usurgan过夜。6至7日，我们花了整整两天才越过高大的博罗科鲁山。9日，我们登上了最高峰，在严寒与狂风中期待绝妙、难忘的景致：几千米高的赛里木湖风光，深蓝色的湖水被白雪覆盖的群山环绕，衬托出绝美的风景。可惜天寒风急，加上我们又住在湖边简陋的商队旅店的棚屋中（四台），虽然有鸡和羊肉，还有新猎来的山鹑，却一点也不觉得美好。

10日，过了五台（第五站）来到大河沿子——一个小而充满活力的中国村镇，我们的马都已筋疲力尽，便在那里停留了一天。12日，继续前行至In-cho-ho[1]，13日到达一处美丽的中国城市精河，这里一切以中式为主：塔兰奇人、鞑靼人和萨尔特人只占了居民的一小部分。14日，我们走到了Kumbulak泉，在这里的一个堡垒旁搭帐篷过了一夜。之后便要穿越一大片沙漠，这对于牲口和人都是真正的折磨，我们花了两天时间才走出艰难困境。

15日，我们又因严寒而陷入僵局，扎营在一个小型中式戍堡边，雉堞上成堆的巨石替代了火炮。

16日，我们途经一片芦苇丛到达托托，17日抵达古尔图，在此地经过了多座河床及广阔的石滩。时而草地，时而大草原，时而又是树木密布、野禽出没的河谷。我们猎到了很多的野鸡、山鹑和大雁。18日到达小城四棵树，高地上住着Tsakar部落，我们在那里遇到了很多蒙古人。19日，因为大

乔治·胡特
（1867—1906年）

作为柏林大学中亚历史及铭刻学教授的乔治·胡特致力于探索各种亚洲语言。在钻研了波斯语和印度语的传说材料之后，他转向了蒙古语、通古斯语和藏语的资料，还翻译、注释并发表了备受关注的《蒙古佛教史》。此外，他还被视为藏学研究在柏林的奠基人。

1897至1898年，胡特受圣彼得堡科学院委托在东西伯利亚度过。归来后，他除了大学的工作也为民族学博物馆效力。胡特对亚洲民众的了解，加上与学者及资助人的良好关系为实现第一次德国的吐鲁番考察作出了决定性的贡献。他的兴趣点涉及突厥语、突厥的传说材料以及歌曲，为了研究这些，他于此次共同游历以后，受詹姆斯·西蒙资助又继续在帕米尔地区考察了一年。如今在柏林民族学博物馆还有一个陈设由他所收集的民族志材料的展览。

胡特带病从考察中归来，很快便因病去世，年仅39岁。他被安葬在柏林白湖区的犹太人墓园中。

17 | 胡特，摄于1902年。

[1] 应该在托里乡附近。

雨被迫留在了四棵树。这是自Kapsu河边的Tsuritsin[1]以来的第一次。20日，我们到达了大城市乌苏，这里有商路通往塔尔巴哈台。当我们进城的时候，窄小的市场上正在唱戏，真是一道色彩绚丽的美景！市场上应有尽有，特别是水果，有桃子和极好的葡萄。自此刻起，周边地区开始变得非常有意思：到处都有古老城市及寺院的遗迹。21日我们在Yan-Tse-Hsi，22日在Sen-Te-Cho-Dše一处古老寺庙中四处搜寻，并在此遇到了身着中式服装的比利时传教士，他们在商旅客栈中用德语问候了我们，还给出了很多重要建议并赠予我们各式缺少之物。23日，渡过玛纳斯河之后，我们到达了大城市玛纳斯，接着在24日总算到了To-Hu-Lö。25日在Cho-Tu-By[2]和Yu-Fo-Go[3]，26日还在一个贫困的东干族村庄Sha-Da-Yo-Pe过了夜，最终于27日进驻乌鲁木齐。（TA：203—206）

18 | 一处有雉堞的中式小堡垒，其顶部安置了石头作为投掷物，格伦威德尔绘于1902年10月中旬前往乌鲁木齐途中。

[1] 可能在四棵树以西，与古尔图之间。

[2] 呼图壁？

[3] 榆树沟？

抵达乌鲁木齐

1902年10月27日，柏林来的学者们进城后，便在鞑靼人萨斯伽洛夫家暂住下了。固勒扎领事的秘书科洛特科夫自固勒扎而来，早他们三天进城，为德国人及其装备预备了房间。十月底的乌鲁木齐十分寒冷，因而他们很开心能够在三天后便搬到了俄国公民米尔·卡辛的一处可供暖的公寓中。

格伦威德尔在当天给妻子玛丽的信中为此写道：

我们终于搬到了另一处公寓。领事在领事馆对面找到了一处很好的供暖公寓，它属于鞑靼人米尔·卡辛。昨天，我们在那里受到款待，他们用水果、蛋糕、茶水和甜食（即sladkoje，指饭后甜点、糖果等）招待了我们。昨天是我们第一次在中式排档吃饭，但是用筷子完全不行！我们点了三大海碗特别又美味的内脏汤、三大海碗西班牙胡椒圆白菜炖羊肉（突厥语：Kordak，萨尔特语：gurth-Kur），又加上三大海碗配这些汤与碎肉的切面。我们只忙着狼吞虎咽，其他的都顾不上了。食物非常美味，换算成我们的钱的话，总共花了40芬尼。5/4磅羊肉卖20芬尼。

我现在还不能确切地描述一个中国城市中的生活，那将会没完没了，只有过后才能详诉一切。我都不知道应该从哪里说起！例如，乡下小村里的商队客栈。我们在那些小破屋里过夜。土墙建的四方形屋子，窟窿当成窗户，我们夜里用干草把它们塞住，又在泥炕上铺了芨芨草或者成束的红柳枝，便裹着被子睡在上面。但是到处都有鸡肉和羊肉，还有蛋。（tokum barma，是那里

特奥多·巴图斯
（1858—1941年）

巴图斯船长原本于1888年在民族学博物馆的南海部帮忙组装船只和装配帆具。多年丰富的海洋经验与在澳大利亚当移民时习得的手工技能，以及发明创造的天赋，使得他成为四次吐鲁番考察中不可替代的成员。除了原本作为技术及组织人员的工作外，他还承担了越来越多的科研任务，如领导发掘和记录，通过细致的观察为考察成功以及为科学而妥善地取得文物作出了重要贡献。巴图斯退休后还在继续为民族学博物馆工作，并且参加了另外两次去往美索不达米亚及伊朗的考察，直至去世。

19 | 巴图斯，摄于1913年。

的蛋吗？这是首要问题！）我们得自己在院子里煮饭，经常抖抖索索地坐在又黑又冷的院子里，伴着火中的红柳木烧得噼啪作响，烟管里冒出滚滚浓烟，完全是流浪者的生活！（TA：206及下）

辛苦的长途跋涉之后，所有的考察人员在俄国主人提供的和欧洲相近的舒适环境中享受了几日。几年之后，当格伦威德尔在库车和喀喇沙尔待了好几个月以后，也还乐意在此城中做短暂停留。1906年7月26日，他这样写道：

我来到此地，是为了拜访一些中国的政府部门及俄国领事，再采购一些所需之物。如今这里只有一个领馆的秘书在，年轻又有魅力的博布罗维尼科夫，他是《蒙古语语法》作者的一个孙子。他热情地款待了我们，在这一周的时间里，我们又像回到了欧洲。（Slg. Reischl）

20 | 格伦威德尔所绘的1902年第一次考察中，由固勒扎途经吐鲁番到阿克苏的路线图。该路线图基于1881年《彼得曼的地理消息》中的一张地图绘制。

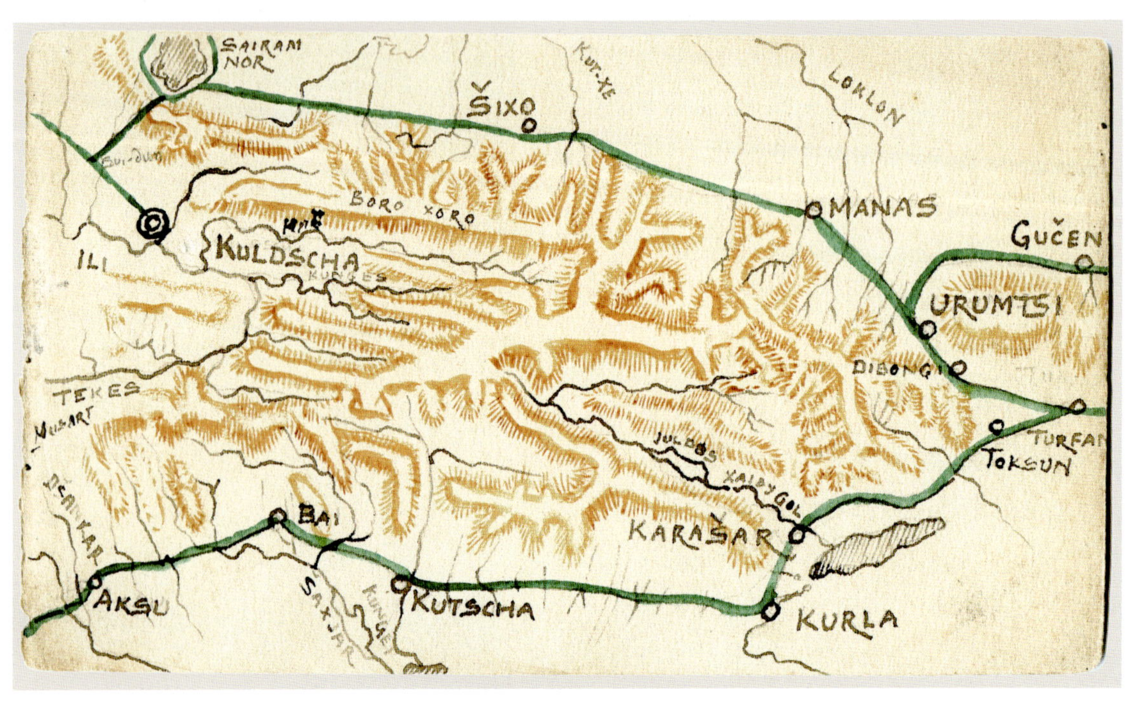

乌鲁木齐

如今拥有百万人口的大城市乌鲁木齐是由自汉代（公元前2世纪到2世纪）起便建立的军事驻地与一处唐代关口（648年建立）发展而来的。虽然它位于日渐繁忙的由俄国及中亚进入蒙古地区，再通往中原腹地的交通线上，但18世纪时这处定居点还毫不起眼。直到19世纪准噶尔暴乱及俄国入侵的纷争以后，此地才与清王朝紧密相连，迪化城由此建立。19世纪70年代这一地区因镇压准噶尔与出征阿古柏而人口下降，其后通过让内地汉人移民屯垦，再加上因采矿所需涌入的工人，又蓬勃发展了起来。这些来自中原省份的汉人们在城中建起他们的会馆和寺院，给这座城市增添了一些中式色彩。1884年，迪化即后来的乌鲁木齐，成为新疆的省会。

1906年7月26日，格伦威德尔于第三次考察中给妻子的一封信里描述了这座城市的中式风格：

> 乌鲁木齐真的非常美丽！雄伟壮丽的博格达峰是这座城市耀眼的屋顶，周边河谷低地中有湖泊和美丽的花朵，尤其是北面两座罕见的有着许多中式寺院的山丘，让这座城市与其周边地区变得极为有趣。但是，苍蝇！还有城里的气味！这里驻扎着许多中国军队，每天奏乐出行，他们真应该有日本军官……（Slg. Reischl）

随着时间的推移，俄国的元素也相应增多起来。1881年，俄国归还伊犁地区后，取得了特权，其领事人员与商人可不受限地自由出入关口，这便吸引了尤其多的来自中亚俄占地区的商贩。乌鲁木齐新的地位使得沙俄自1897年起在此设立了人员众多的总领馆，并有哥萨克士兵常驻守卫。所有的俄国公民都受到领馆庇护，其中主要是商人，也有士兵和游客，他们或短期或长时间在此停留。如果像柏林的研究人员一样在俄国机构申请了推荐信，俄领馆也经常庇护其他欧洲国家公民。

乌鲁木齐在世纪交替的这些年中迅速发展了起来。格伦威德尔1906年在同一封信中写道：

> 目前俄国人在这里只有36名哥萨克士兵，其中30位和领事（仍为科洛特科夫）在山区。他们替我修好了靴子，精巧地补好了裤子，让它们还能如常使用。现在这里也有一位会熨衣服的普拉契卡，是钟表匠特拉斯韦奇的妻子。一切都比四年前要好些了，我住在一个鞑靼人家里。之前的房东米尔·卡辛去世了，他生前最后的房子如今在街道的中段……四年以来，俄国人的聚居区扩张了不少，几乎翻倍。当然都是来自塔什干、安集延等地的突厥人。聚居区有夜灯，自昨日起汉城也有了。（Slg. Reischl）

21 | 20世纪初，乌鲁木齐城中的生活还是一派乡村景象。财神楼立于一条中央大街之上，这位神仙如今又再次受到了中国人的欢迎。因当时主要通过科举考试来获得富贵，这处建筑便同时也是文昌阁。

22 | 纪念陕甘总督左宗棠的祠堂。1878年，左宗棠将新疆收回清廷治下。波尔特于1906年参观了此地。

23 | 抚台乘轿离开衙门，随行的官员及士兵举着象征他身份的旌旗与幡盖。

24 | 南北中轴线穿过南门——肇阜门向内城延伸。这座城门保留至1949年，后因城市扩建被拆除。上面的楼阁是为戍门卫兵所建。

肇阜門

25 | 一队汉人的送葬队伍从乌鲁木齐外城墙的一处城门进入，穿过集市街道去往墓地。身着白衣的送葬人员敲锣打鼓开道前行。

26 | 乌鲁木齐汉人聚居区内，只有少数几座这样富丽堂皇的楼阁，这些均属南方汉人的祠堂（插图22）。院中向前突起建造的亭阁式建筑中有一座戏台。

27 | 这所中式房屋的大门上有漂亮的屋顶，门边围墙上写着“盛泉记”，可能是一间客栈。

28 | 新疆的大城市中，都有为来自中国其他地区的汉人所修建的会馆。乌鲁木齐有一所富丽堂皇的屋舍是四川会馆，说明大量四川人在此安居并且有了一定的影响力。

居仁

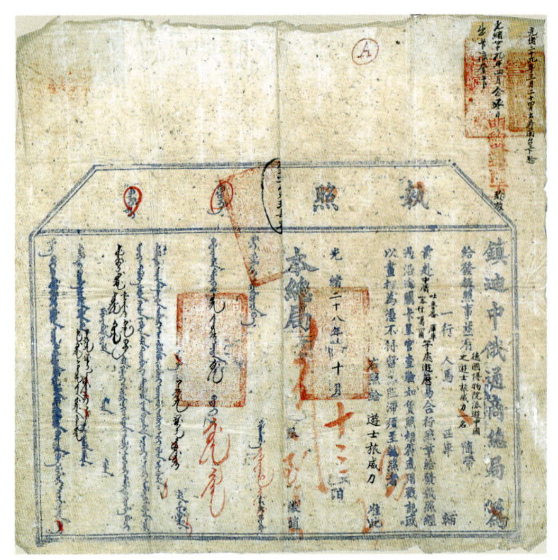
執照

鎮迪中俄通商總局

29 | 由镇迪中俄通商总局颁发的执照，是一份提供安全保障的居留许可。上面记录了旅行者姓名及来华目的。这只是文件的一半，另一半保留在发证机关，同时作为副本转送下一旅行目的地。通过比对正、副本执照来审核每位入境者的合法性。

准备工作

1902年，德国考察队的准备工作在乌鲁木齐开始了。只剩下几日行程，便能开展考古工作了。储备必须增加，还有一些礼节性的拜访需要进行。最高级别的清政府代表驻守在乌鲁木齐，要获取这位高官对考察的支持，就得给他留下非常好的印象。俄国领事给了他们如何应对的建议。德方向抚台衙门递交了名片，然后便礼貌地在住地等候邀请。最终到了那一刻时，他们便穿上礼服与仆人一齐出发。向抚台展示了护照并在翻译的帮助下与其相互寒暄。例行公事之后，抚台邀请他们参加了菜品丰富的宴会。勒柯克在他的书《新疆的地下文化宝藏》中，对1904年的一次类似邀请详细描述道：

他（就是巡抚）邀请我们去衙门（政府办公楼），我们在那里不得不忍受了86道菜的一餐。在这之前，还会见了分列而立的清朝官员。所有的权贵们排成一长列，以同一方式快步走过巡抚的位子。当他们经过巡抚时，单膝下跪并且右手触地……我们头戴礼帽，身着燕尾服，伴着此地空气中永远无处不在的可怕尘土，还是不太适宜，而中国人却将其视为一种殷勤周到。（HS：34及下页）

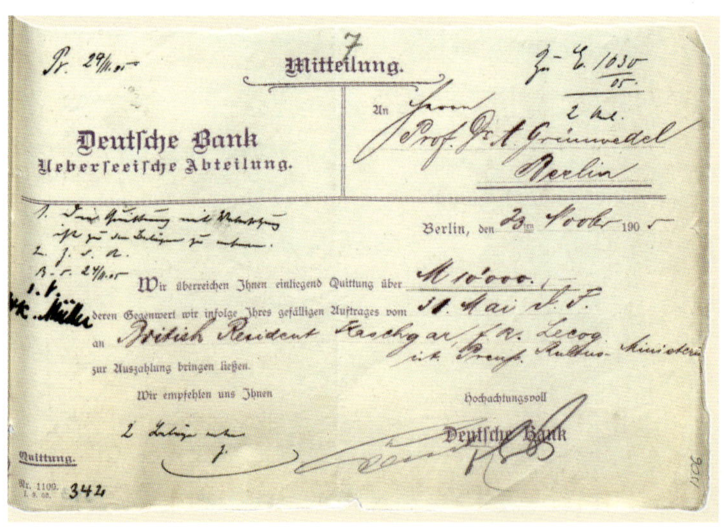
Mitteilung.

Deutsche Bank
Ueberseeische Abteilung.

An Herrn Prof. Dr. A. Grünwedel
Berlin

Berlin, den 23 Novbr 1905

Wir überreichen Ihnen einliegend Quittung über M 10'000.
deren Gegenwert wir infolge Ihres gefälligen Auftrages vom 31. Mai d. J.
an British Resident Kashgar, f. v. Lecoq
zur Auszahlung bringen ließen.

Wir empfehlen uns Ihnen

Hochachtungsvoll

Deutsche Bank

Quittung.

30 | 为了方便，考察者只随身携带少量现金，博物馆会向他们汇款。1905年，英国领事马继业在喀什噶尔将一张10 000马克的支票当面交给了勒柯克，他可以当地货币提现。

资金与货币

每次考察中，都将金卢布作为基本货币携带。金卢布必须在商业中心兑换成中国的零钱，才能用来购物及支付工钱。弄到钱有时候比较困难，外加涉及大量的铜币，沉重并且只能装箱运输。在中国支付的困难，从尼古拉·普热瓦利斯基开展考察的时日起，就基本没变过，他于1870年写道：

> 这里需要说明一下，在中国除了一种叫Tschoch的铜铅混合而成的硬币以外，没有特定的货币。所有地方都根据重量和纯度来收取白银。好些的白银算作“银锭”，被铸成锭块状。上印国家或者铸造商行的记号。在这些银锭中时不时能发现小块的铅或铁。为了支付较小的款项，银锭又按需被分成大大小小的块……只有少量金额的话，使用硬币支付。它被称为Tschoch（可能是蒙古语中，被外国人称为现金的中国铜币的称谓），而且非常重，一个银卢布的同等价值大约有8磅重的Tschoch。显而易见，是不可能储备足够用的这种硬币的。100个卢布就要换7公担的Tschoch，等同于三头骆驼的负重…… 事情还会更麻烦，不仅在大城市，通常在每个小城都有不同的算钱方式……（Zimmer 2006：69页）

格伦威德尔1902年也曾抱怨过，搞到现金非常困难：

> ……几乎每个中国城市都有不同的零钱或者不同的汇率，在柏林换取的中国银票因此几乎毫无用处。特别是在冬天，乌鲁木齐和坐落在博格达山脊（天山山脉）另一边的地区几乎没有贸易往来，那里流通的钱是北京铸的纯银锭、压制的喀什噶尔银币和大钱（铜币），都只能特别通过乌鲁木齐的俄国皇家领事科洛特科夫的亲自介绍，从大商人夏帕洛夫那里换得。（TA：211—212）

除此以外，德国人还能通过德意志银行和华俄道胜银行汇款，然后请俄国或英国领事，或者也可请当地的某个商人帮忙将钱取出。这有时是比较简单的办法。

31 | 1902年寒冷的12月中，格伦威德尔画了一位在乌鲁木齐卖笤帚的小贩。

看来格伦威德尔与他的两个同事给当地官员留下了不错的印象，因为接下来他们从中方得到了很多的帮助。格伦威德尔1903年在总结报告中写道：

中国的政府部门给我们提供了所有可能的方便，还为向我们表示敬意安排了演出。（TA：333）

他们第一次在乌鲁木齐停留了20天。有关长时间逗留的原因，格伦威德尔在1902年11月9日给博物馆行政部门的信中详述道：

首先是当地车夫引领的运输马队落在了后面，因为在路上死了一匹马，他们必须停下来寻找替代的马匹……另外，和市里以及省里（因为省级机构也在乌鲁木齐）的中国政府部门打通关系（登记、拜访、回访），需要很多时间。我只能强调，当地的政府部门给予了我们无比盛情的帮助，对我们前来的目的也表示了完全赞同。还承诺，将特意为我们向吐鲁番的政府部门开介绍信……（TA：211—212）

从乌鲁木齐到吐鲁番

格伦威德尔、胡特和他们的助手巴图斯装备好马匹，带上旅行证件、介绍信等材料，外加许多实用的信息于1902年11月17日离开了乌鲁木齐。他们沿着由乌鲁木齐西面的准噶尔盆地向吐鲁番延伸的古商道前行。这条路于天山及其东面的支脉博格达山之间，缓缓蜿蜒向上，途经许多高山湖泊，一直通往位于一条需涉水而过的湍急山涧上方的达坂城，在海拔1 280米高处翻越山脉。

已至岁末，天气十分寒冷。他们在Sigeyope、柴窝堡、达坂城、白杨河、Kurga和肯德克的简陋客栈中过夜，这些客栈为旅行者提供的庇护，仅能稍稍对抗刮过高原和天山荒瘠山坡的寒风。从南面沙漠上升而来的气流与越过高山的冷空气在此交汇，以致此地持续狂风大作。如今中国最大的风能基地便坐落于此。

这条现在已被连接乌鲁木齐和吐鲁番的多车道高速公路替代的道路，在20世纪初，旅行者要身着棉大衣，裹着皮袄艰难地走过卵石地和山间小道，还要蹚过山中河流的浅滩。1902年，骑马或者坐马车从乌鲁木齐到吐鲁番，这200公里路大约需要六天时间。四年之后已经有了一条好些的路，把行程缩短了两天。

1906年7月26日，格伦威德尔于第三次考察途中写给妻子的一封信里，令人印象深刻地描述了差别：

从吐鲁番骑马去乌鲁木齐的路途并不顺畅，至少开始是这样的：因为我们从肯德克到Kawirga遇到了可怕的沙暴，几乎完全不能待在马上。风刮走了我的记事本、烟袋和上衣口袋里的手帕，上帝才知道，刮去哪儿了！……四年前经过达坂城山口要走一条可怕的路，必须爬上一座山峰，穿过上面一个类似隧洞的地方，然后又沿着陡峭的山坡下山。现在走的是一条中国政府沿着达坂河新修的宽阔大道，沿路骑行真是一件快事。我希望三天以后，就能骑回吐鲁番。（Slg. Reischl）

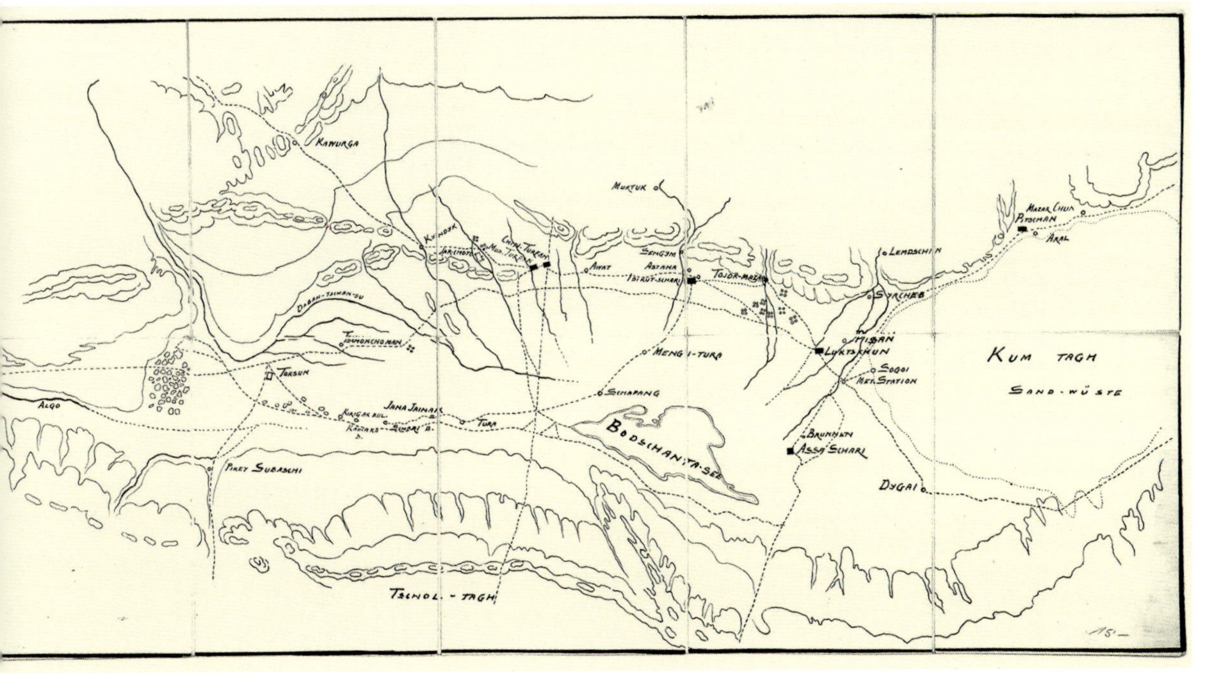

32 | 基于克莱门茨1899年的地图标注的吐鲁番地区佛教遗址分布图，由格伦威德尔复制、标上德文，并将其折叠起来随身携带。

客栈

一百年前，在中国西北繁忙的交通要道上与城市中都有简朴的客栈，勒柯克对其中之一作出了如下描述：

> 一个这样的客栈通常由一个大的四方形院子组成。前面有一扇大门，日落即关闭，用长木条闩上。正对门是一排客房。有些客房是单间，只有一扇朝向院子的门；其他的是为多位旅客准备的套间，各间的门是相通的。所有的门窗都开向院内，没有一个向院外开的。靠着两侧院墙以及大门两边是为马、驴子和骆驼准备的圈棚，带着喂牲口的槽。（HS：86及下页）

这样的小客栈完全没有舒适可言。它们能够为躲避风雨提供一点保护，但也只是多了一点点而已。到达以后，将行李和鞍具堆在房间里，便去照料马匹。房间里大多有一个可从外面加热的土炕，上面铺着寝具。如果谁没有带软床垫，就只能裹着被子睡在干草或树枝上。

有时候可以买到蛋或者面包，肉是途中弄来的。在院中的篝火上准备餐食，喝着茶在火堆边烤火，然后在马的响鼻声中入睡。

而这些给旅行者及其财物提供遮庇的屋舍也同样吸引着小偷和骗子。这些土墙被弄湿以后，用刀刺穿它，就像玩儿似的。正因如此，德国人也损失了一次马具。

有时候客栈也会满员，因为商人、中国官员或者走村串巷的戏子们都会住在这里。那便只得好言相商或者请官员下令，让那些本地的客人们挪去挤一挤，不然就只能又回到大街上。

33 | 肯德克的旅店经常客满，因为它位于一条极为繁华的大街上。这里是德国人每次考察的必经之站。勒柯克1905年住在这里时，马具被盗。小偷在事先浸湿的土墙上开了个洞。

34 | 因为德国考察队员们在库车时寄宿于中亚商人家中，所以只是偶尔会去当地的客栈待一小会儿，大多是去租赁马车。1913年，为了运送装备，巴图斯在车行里租借马车并看着他们整合小马队。

36 | 一个客栈的院子中，人们将带着高大轮子的车卸下马背。夜里大家围着火堆坐在一起，谈论新闻、交流经验。

35 | 位于荒郊野外供官差住宿的官办驿站，其规格有时会稍高于当地经营的小旅馆。

37 | 带着大轮子的两轮车可以穿过沟渠与坑洼。因缺少减震器，即使车厢里有填充软垫，行驶途中也毫无乐趣可言，所以格伦威德尔更愿意自己骑马。

38 | 哈拉和卓房东的屋前停着农民的两轮车，格伦威德尔有时称这里为商队旅店。房屋上层墙体为编织而成，木构的顶架上是层层叠起的干细枝条，也是为了方便遮阳。

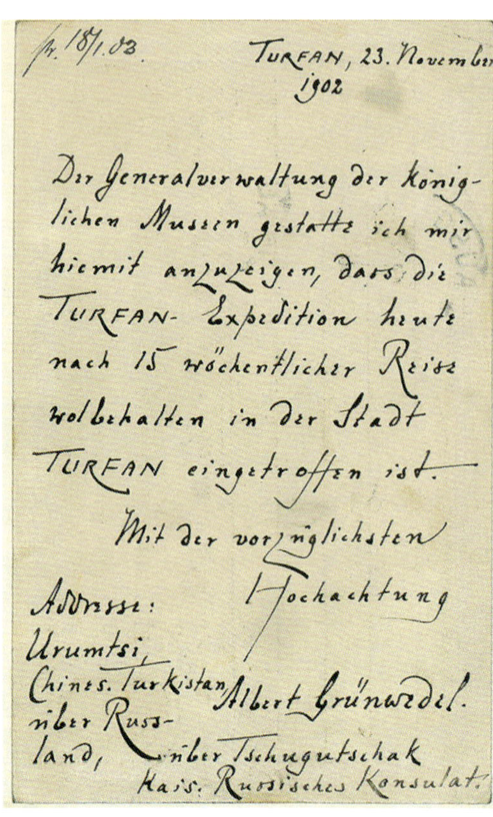

Pr. 18/1.03

TURFAN, 23. November 1902

Der Generalverwaltung der königlichen Museen gestatte ich mir hiemit anzuzeigen, dass die TURFAN-Expedition heute nach 15 wöchentlicher Reise wolbehalten in der Stadt TURFAN eingetroffen ist.

Mit der vorzüglichsten Hochachtung

Albert Grünwedel.

Adresse:
Urumtsi,
Chines. Turkistan
über Russland,
über Tschugutschak
Kais. Russisches Konsulat.

39 | 格伦威德尔于1902年11月23日向博物馆馆长报告，他的队伍于出行15周后成功到达了吐鲁番。

到达目的地：吐鲁番绿洲

1902年11月22日，当小马队临近吐鲁番盆地时，便明显感到热了起来。夏季，此地似完全笼罩在“烤炉里的空气”一般，如同格伦威德尔有一次向他的妻子写到的。

旅行者们可以从山坡上看到脚下广阔的肥沃土地。一条支道通往向南的山道，经过托克逊去往库尔勒，那是他们3月份返程时会走的路。经此支道进入吐鲁番绿洲，交河故城的峭壁突然从绿色风景中耸立而出。走得越近，那些在途中便已清晰可见的、位于雅尔乃兹沟河湾峭壁上的佛寺遗址，便越是让他们印象深刻。最终，在马车缓缓驶向原定的住处时，这些考古学家再也抵制不了诱惑，骑马上了东南面的山道，第一次看到了克莱门茨1899年描述过的那些部分还露在外面的多层土坯建筑——长而窄的路沟，大量的建筑遗迹。建筑基址范围极广，这使他们有了预感，接下来几个月等待他们的是怎样的工作，同时让他们对克莱门茨之前的成就钦佩不已！

也许格伦威德尔此刻已然作出决定，为弄清基本的建筑格局，把发掘区域限定在部分重要地点。

当德国人下午抵达吐鲁番城时，阿赫洛尔·汗便迎上来表达了问候，他是一位商行老板，之后每次德国人的吐鲁番考察都住在他的商行中，箱子也会放在那里。他们的房东是位萨尔特人，费尔干纳山谷一个古老民族的后裔，该地区于1876年被沙皇帝国吞并，因此大多数伊斯兰居民成为俄国公民。他拥有一个棉纺厂，非常富有，以致格伦威德尔一次在信中将其称为“百万富翁”。虽然阿赫洛尔·汗因太会做生意而被所有考察领队抱怨过，但他丰富的关系网络与当地经验，还是为新来者提供了很多帮助。

阿赫洛尔·汗的旅店位于城市以北，德国人搬进了俄国领事馆为他们预订的房间，并且布置了一番。

隔天，格伦威德尔礼节性地拜访了当地的清朝官员并展示了从乌鲁木齐带来的介绍信。他们又照例应邀出席了一次丰盛的宴会，自此便可在这一地区自由活动了。德国人于11月27日继续前往哈拉和卓之前，考察了古老的回城、清真寺以及汉城。1902年，他们的路线自吐鲁番的回城，经过汉式的"新城"再继续往哈密方向前行。在离吐鲁番不远处，他们途经一片古老的墓葬区，一些坟墓的形制让人联想到佛教的窣堵坡。勒柯克后来也将围墙上的法轮符号理解为佛教的样式语言延续到了穆斯林时期。

40 | 1904年，吐鲁番城东面穹顶墓葬的形制以及围墙上的法轮图样使得勒柯克联想到了佛教的样式语言。

吐鲁番盆地

以北面的博格达山和南面的却勒塔格山为界，吐鲁番盆地的那些沿河绿洲，自远古时代便成为被大量开发的重要生存之地。它的最低处位于海平面下150米，因此如同死海周边一般为地质学上所罕见。

夏季，哈拉和卓河、吐峪沟河和鲁克沁河的发源地一带，由西北向东南延伸的火焰山黄土层反射出夏日的暑热，而冬日，从山间以及东边与南边的沙漠地带吹来凛冽寒风，带来北极般的寒冷。

相对新疆其他广大地区而言，首府所在地——吐鲁番周边的土地是很肥沃的。分布着广泛的地下水渠系统（坎儿井），水源几乎毫无蒸发地流向田间。来自吐鲁番的葡萄和杏，自古以来便被运送到中原腹地。

大量古老的聚落、墓地和寺院区域如今广为人知。最早的出土文物来自公元前1000年，因此地位于连通准噶尔盆地的山道口，还在经哈密到中原的商贸路线上，至少在西汉时期，便是商贸枢纽并设有军事据点。

直至7世纪这里还被吐火罗人统治着，之后有过汉族的、吐蕃的以及回鹘的统治者。蒙古人、黠戛斯人和党项人的骑兵经常穿行于此，毁掉了绿洲。伊斯兰统治之后，它又经历了伊斯兰群体和汉人统治者的轮番更替。许多历史时期在建筑以及文化上都留下了印迹，直到20世纪初，文化研究者还能在其独特的混搭中寻踪觅迹。

1898年克莱门茨便来此游历过，主要是因为固勒扎俄国领事馆的医生阿尔伯特·雷格尔和格鲁姆—葛西麦洛兄弟这些旅行者已经报道过这一地区的古代遗迹。而他也作为游历者首次在地图上标注出了佛教遗址所在。这些位于高昌、柏孜克里克、吐峪沟以及胜金口的遗址正是格伦威德尔和他的队员们于1902至1903年及1906至1907年，还有勒柯克和巴图斯于1904至1905年所调查的。他们找到了从汉代至14世纪佛教团体的遗踪。除此以外，还发现了大量摩尼教与基督教的建筑遗迹。吐鲁番地区发现的大量印度语、伊朗语、突厥蒙古语以及闪米特语的写本文书，对于语言与文化科学方面的研究有着无法估量的重大意义。

41 | 曾于18世纪帮助清政府对抗准噶尔的额敏和卓的陵墓清真寺，内有中国最大的伊斯兰尖塔，至今还是吐鲁番的标志。当时附近还残留有吐鲁番古城址，如今已经几乎不见了。

在哈拉和卓的居所

如勒柯克1904年所述，哈拉和卓与邻近的阿瓦提和阿斯塔纳形成了一个有1 100多户的大乡镇。这个村庄坐落在吐鲁番东南30公里处。考察队员们乘车行驶几个钟头后，便来到了农夫萨乌特的屋前，这里将是他们未来四个多月的家。同样在之后的两次考察期间，队员们在这个地区工作时也大都居住于此。这所房子在村中所在的区域，随着时间的推移，占据了高昌故城北面的围墙。围墙约15米高，像一座巨大的多孔堡垒穿过住宅区，而且几百年来，都被哈拉和卓的居民当作墙基以及房屋的建材来源。农夫萨乌特的房子同样紧挨着城墙，并将其中一个马面当作了院子的隔墙。高处，古代建筑的支梁孔洞还清晰可见。

42 | 农夫萨乌特有一所紧挨着北城墙的房子，这栋房子直到2014年才被拆除。当时为修护城墙而拆掉了所有的附属建筑，并将高昌的入口向南移了一段。萨乌特是前三次德国吐鲁番考察队队员们的房东。

这位农夫将主屋底层的大房间让给了客人们，与家人搬到了顶层。在这里，马匹和车辆也留有空间，箱子可以堆在院子角落中，城墙内的一个房间用作了暗室。勒柯克后来描述了住宿条件：

我们在哈拉和卓的房屋空间很大，依照波斯的风俗，墙壁周围有升高的土炕。这些土炕部分空心，可以从外面生火。因为会产生少量的煤气，我们没采取这样的供暖方式，而更愿意在漂亮的壁炉中点燃石炭生火。石炭存在于吐鲁番地区的地表浅层中，当地人像我们一样称之为石炭。昆莫[1]的石炭矿场储量更丰富；那里的人们，晚上会带着锄头和桶到有石炭露出地表的矿区去。炭矿属于亲王，但是全昆莫的人夜里都到矿区去偷。然而，即便能供暖，这里的冬天也常常冷得令人难以忍受。（HS：57页）

房东允许德国房客在院子中堆放设备和出土文物，同时这里既是会客场所，也被当成做箱子、绞绳索的工坊。炎热的季节里，大家睡在院子里或者房顶上。当格伦威德尔或勒柯克结账、做记录时，又或者支付工钱、和工人与村民交谈时，他们就坐在房间前面，而其他住客则在周围忙碌着。房子里住着很多不戴面纱的女人，这在吐鲁番稀松平常，女人们也参与决定日常的方方面面。由于近距离的接触，德国人了解了不少哈拉和卓的日常生活。胡特（1903年）和勒柯克（1906年）收集了歌词和童话，还在格伦威德尔遗留的记录中，发现了他从手工业者及农民那里听来的故事集子。

为了避免长途奔波，并且和非常熟悉古城及周边的农民们保持良好关系，尽管住所很简陋，柏林人也没有做出其他选择。他们很快便习惯了居住环境，享受着当地人的好客与真诚。之后两次在这里的考察，境遇也都与此相当。格伦威德尔1904年在他的总结报告中这样写道：

虽然紧挨着亦都护城北墙的客栈条件非常糟糕，但是我认为待在这里是很合适的。因为亦都护城与位于其北面和东北面的胜金口、木头沟及更远的吐峪沟麻扎等地山中的那些石窟的关系，在我看来有很高的研究价值。（TA：339）

除此以外，格伦威德尔对于日常生活并无多言。勒柯克则完全相反：他在两部流行著作中，除了考古，还讲述了许多关于那些人们以及他的经历的事迹。因此，这些对哈拉和卓住所的描写主要依照的是第二次考察的记录。

[1] 哈密古称。

农夫萨乌特的房子

农夫萨乌特的房子是一所在这个地区相当常见的四合院，同时也是客栈。入口处是一扇大木门，门连着带顶的过道通向院中。院子后方，环绕的凉棚后面是一排部分嵌入老城墙的房间。院落的左右被附属建筑和带凉棚的墙围着。后方西南角有一座夯土建的小清真寺，带有尖拱门，前面还有块平地。对于平日生活很重要的馕坑以及开放式的厨房，位于院子的西面，女人和孩子们大多待在那边。东面是储藏和修理东西的地方。一年中的大多数时光，他们都在这处部分覆顶的院落中起居生活——清洗、做饭、烘焙及就餐。

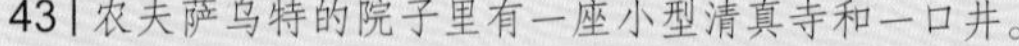

43 | 农夫萨乌特的院子里有一座小型清真寺和一口井。

44 | 傍晚，人们主要在那些嵌进城墙修建的房间前的凉棚下活动。夏季，为了通风凉快，德国人喜欢睡在凉棚前的院子里。

45 | 院子里的馕坑是女人们的聚点，尤其在寒冷的季节里。这里不仅能烤制传统的突厥式囊饼，也是聊天欢笑之地。

46 | 女人们在井边梳洗完毕之后，于一旁悉心护理身体，在惬意的温暖中放松一下。

47 | 巴图斯大多时候都与工人们相处愉快。当他手脚并用地描述他的要求时，大家都觉得很有趣。他主要说波美拉尼亚低地德语方言，因为他的文字记录中出现了这种方言独特的语法，估计口语中也会这样吧。

49 | 萨乌特家的孩子们喜欢来拜访这些德国人，因为他们总能得到糖果。

48、50 | 1904年，萨乌特的女儿茱维达·汗与她的孩子住在父母家里。勒柯克说，可能丈夫对她不好，父亲便将她接了回来。她帮着做家务，还在孩子的摇篮边纺线。

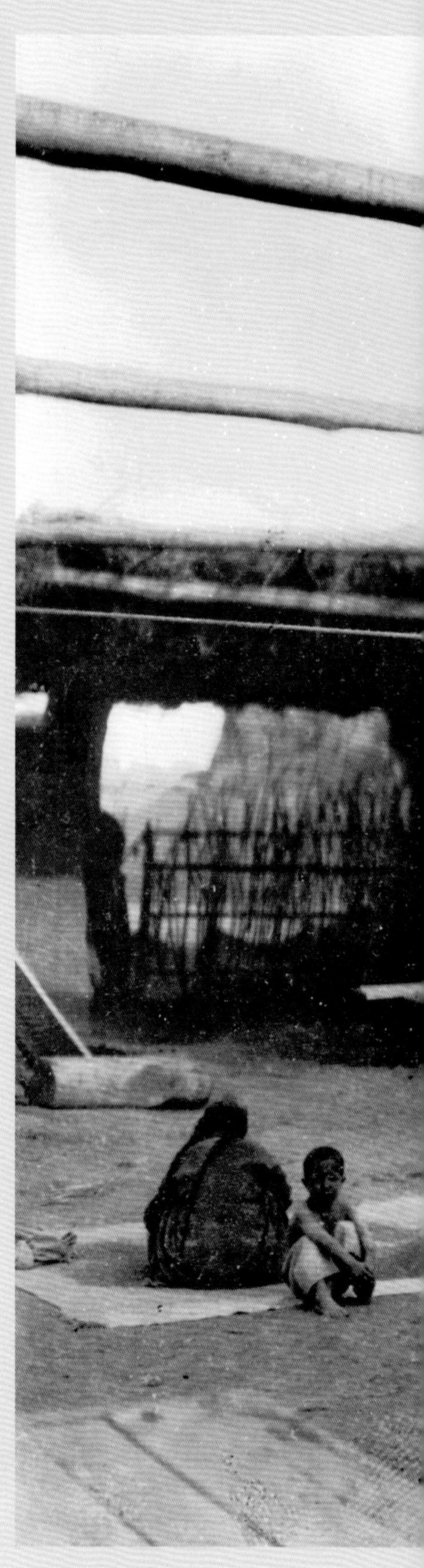

51—53丨德国考察队雇用了许多手工业者。就像这位鞋匠（插图51），会到住处给他们修鞋。一位织补匠人（插图52）为他们织好了捆绑重物的带子。一位木匠（插图53）按照考察人员给出的尺寸为出土的文物做了运输用的箱子。默安戈斯，格伦威德尔这样称呼他的木匠，1902至1903年他每天都在院子里制作箱子。更换了运输公司以后，必须根据新的说明定制箱子，几乎就是一场灾难。

54 | 为表示尊重，哈拉和卓、阿瓦提和阿斯塔纳那些戴着白头巾的长者，于德国客人们到达不久后，便纷纷来到住地表达问候。在此期间，他们直接了解到德国人的计划并为其提供了帮助。格伦威德尔与勒柯克一直都得到了当地显贵们的支持。

在高昌的第一次勘察

暂时布置了一下后，格伦威德尔和他的同事们便迫不及待地要去看一眼他们之后的工作地。抵达当日他们就到了邻近的一处城址，徘徊在无数毛驴车压出的车辙印上，穿梭于千年前土坯墙的瓦砾堆中。

所见之物，令人屏息静气。虽然几天前去了交河故城短暂参观，但他们还没有做好进行如此大规模工作的准备。格伦威德尔写道：

> 范围十分广大：内部只有寺院和宫殿的圣城中，残墙的最宽处便有7 400英尺，几百座阶梯状塔殿和壮丽的拱顶建筑建在开阔的平地上，而现今贫苦的居民们将水渠引进了这里。（TA：347）

55丨在格伦威德尔于1902至1903年间绘制的高昌城的平面图上，显示出带有马面的城墙。格伦威德尔用拉丁文、希腊文及西里尔文字母标注出了大量当时还高高耸立的遗址。城内的田地与车辙都清晰可见。

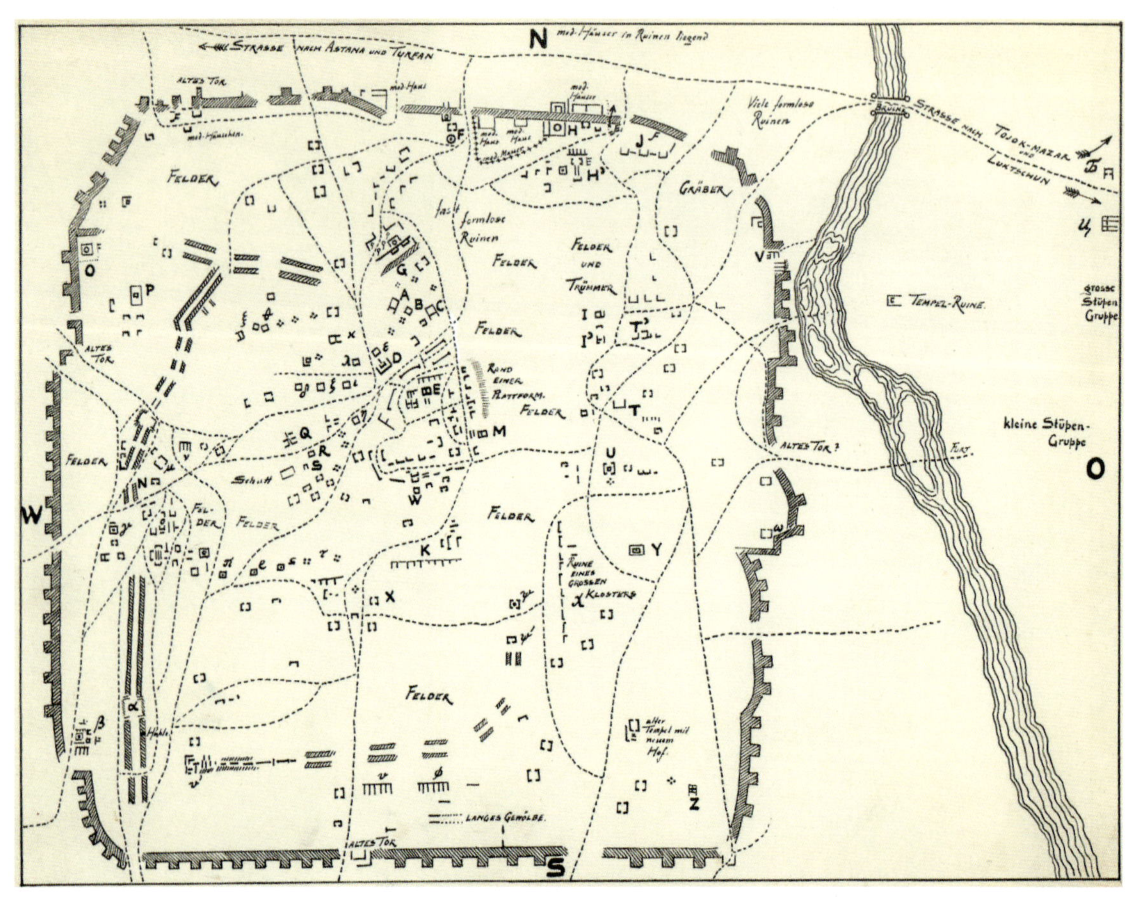

56 | “中国人出行时，一般都不骑马，而是乘坐一种叫‘满铺’的马车。这种上过漆的车身带着蓝黑相间的遮篷，后面有一块独具风格的猩红色带咒符的护板，马匹上还挂着响铃，这些都是为了驱邪”。（Sykes：99页）

中心稍高处的建筑，其结构和样式表明，此处应属一特殊区域，其四周围绕着大量成组的建筑以及寺院群。各式风格的窣堵坡、殿堂及寺院、僧房，还有微型的小庙，表面上看起来凌乱地建在了一起。它们的时代及相互关系，一眼望去，无法分辨。大量的建筑群无疑是佛教的，有一些特别的建筑很有研究价值，但是其中大多数的残损与坍塌程度让研究者们感到沮丧。

德国人最早的记录大致如下：大概1.5平方公里的区域，被15到20米的高墙围绕，带有多处入口的城墙大都保存完好，还有一些附属和扩充的建筑。另有一圈内墙将中心区域合围起来，大量的建筑中有一处宏伟的阶梯状塔殿上还残存少量贴金的坐佛像，很值得关注。除此之外，在城墙外也发现了古建筑群。换言之，摆在他们面前的任务是艰巨的，特别是因为格伦威德尔认为，不仅只有高昌圣城本体需要勘察，还要探察它与绿洲中古代祭祀区域范围内其他各处的关联。

寻宝者

傍晚，当德国人从遗址归来时，哈拉和卓的居民已在等候他们，是为向其展示废墟中寻到的各色工艺品。由此带来一个问题，一个克莱门茨已经提到过的问题：寻宝者。第一次考察结束不久，格伦威德尔在他的第一篇文章中写道：

57丨鲁克沁郡王是影响力很大的昆莫王的女婿，他在1903年还是一个年轻人。第二次吐鲁番考察期间，交友广泛的勒柯克是他的常客。

回来说说那些当地人。我们没能制止他们挖宝。我总是为发掘雇佣固定的人，他们为极少的佣金工作。但是能提供劳动力的穷人实在太多了，完全不能阻止他们用其他方式挖掘，再把所得卖给我们。只要他们想把这些东西兜售给我们，就马上说到一个住在吐鲁番的什么都想买的萨尔特人，说到那些即将到来的欧洲人。有个男人在他紧挨着城墙的小房子里建了一座库房，他主要寻找的是写本，将瓦砾堆里的佛像座或者菩萨像座打碎，拿出保存在里面的文书，当然也不会标注来源地。但是我们能做什么呢？如果不买这些文书，谁又知道它们会流落到哪里。（Grünwedel 1903：11页）

在同一篇文章中，格伦威德尔还抱怨考古工作引起了村民们极大的关注，他们常常完全不理睬考古学家们而自行挖掘。

有关这方面的事情，德国人寄希望于鲁克沁王的帮助，几天后他们去拜访了他。鲁克沁是吐鲁番绿洲东面的另一处河流绿洲。王，即郡王或者亲王，很久以前便已被中国中央政府剥夺了权力，可是作为地方官员还算是德高望重。他邀请这些异乡人到鲁克沁的“王府”去，德国人在那里受到款待并出席了隆重的宴会。但他同样与哈拉和卓及北面的阿斯塔纳村的村长一样，也不能阻止数百年来一直存在的寻宝活动。接下来的几周，除了小心翼翼地观察和记录所得成果，还需要速度和警觉。因为他们总是要提防有人在工作间隙干私活儿，或者所获之物在回程时已难觅踪迹。他们抵达后的次日，格伦威德尔便在房东的帮助下，找到了发掘的工人。他们和巴图斯一起工作，首先将选定的地面和房间打扫干净。巴图斯负责指导这些助手，如何将土层铲掉以及将瓦砾移开。他不会说突厥语，但在当海员时就习惯与其他民族打交道并且让彼此明白对方。如同演员一般，用清楚明白的方式展示，什么是他期望的。勒柯克后来写道，巴图斯和这些工人主要说低地德语，交流得非常愉快，而且大家都能明白他的意思。

在高昌工作

格伦威德尔很快便发现，距克莱门茨来到这里仅过了四年，对夯土建筑的破坏已急剧恶化，要清晰了解这座“城市”的布局已很是困难。他因此决定，首先绘制一张尽可能准确的平面图。因时间紧迫，他投入了巨大的精力。他对工作方式进行了详细描述：

第一次参观遗址看到的是令人心惊的残破画面，而转眼间，这里曾经存在过的一切，使我越来越惊愕。到处都是被破坏的佛像和菩萨像的底座，被挖得乱七八糟，还被运瓦砾的车压毁了。

渐渐地，眼睛适应了这种荒芜，开始注意到那些没被破坏的地方了。每到傍晚，我走到遗址上，夕阳的光斜斜地打在墙上，映出白天光秃秃的壁面上已褪色的装饰图像：成组的宗教绘画，带身光的佛与菩萨，而这些在白天的强光下都无法得见。它们不可挽回地消失了，却留下了这样一个提示。到处都有高高堆起的瓦砾，这些地方肯定被挖过了，但还有绘画保存了下来。而我开始了解到殿堂的布局，在瓦砾中分辨出了顶部坍塌的那些隔墙、滑落的墙体以及崩塌的屋顶，细致地观察屋顶结构，由此渐渐明了所设想的那些东西位于何处。我很快便弄清了，这些环形围墙内的建筑，除了高大的瞭望塔楼以外，都是有宗教用途的，这被称为亦都护城的环形城墙内的部分，是一个寺院城。而真正的城市、集市等位于城墙之外。我还观察到，个别的遗址后来应该还有人住过，尤其是东北角，可能在三代人之前还是一个中式墓地。为了弄清楚这些建筑的类型，我开始用脚步测量墙的长度，顺着这处遗迹走到堆积成一座座山一样的瓦砾堆那边。通过那些房间布局的对称性，我在平面图中绘出了那些已毁掉，但原本肯定存在过的重要房间，找到了坍塌的过道、房间、台阶以及门道。（Grünwedel 1904：19—20 页）

格伦威德尔脚上戴着从柏林带来的尼克尔测步器，在接下来的几周里，一个接一个地测量遗址，记

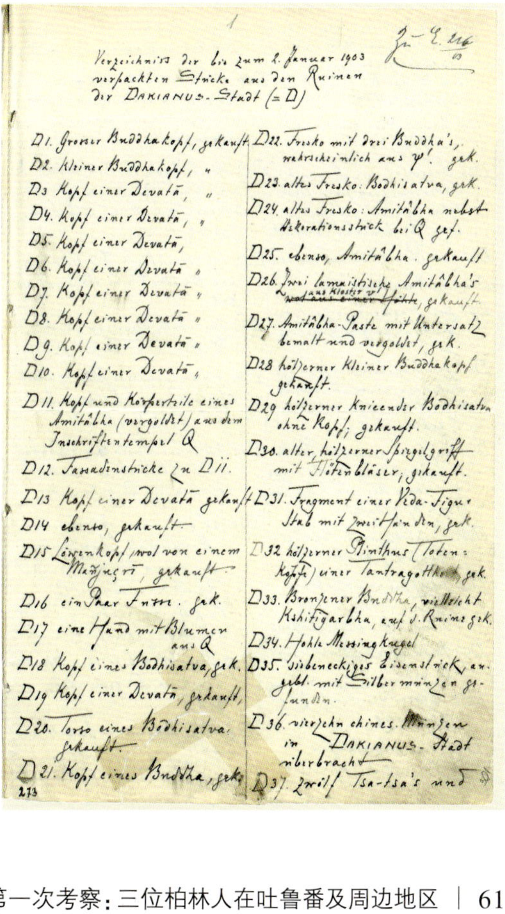
1

Verzeichnis der bis zum 2. Januar 1903 verpackten Stücke aus den Ruinen der DAKIANUS-Stadt (= D)

D1. Grosser Buddhakopf, gekauft
D2. kleiner Buddhakopf, "
D3 Kopf einer Devatā, "
D4. Kopf einer Devatā, "
D5. Kopf einer Devatā,
D6. Kopf einer Devatā "
D7. Kopf einer Devatā "
D8. Kopf einer Devatā "
D9. Kopf einer Devatā "
D10. Kopf einer Devatā,
D11. Kopf und Körperteile eines Amitâbha (vergoldet) aus dem Inschriftentempel Q
D12. Fassadenstücke zu D11.
D13 Kopf einer Devatā gekauft
D14 ebenso, gekauft.
D15 Löwenkopf, wol von einem Mañjuçrī, gekauft.
D16 ein Paar Füsse. gek.
D17 eine Hand mit Blumen aus Q
D18 Kopf eines Bodhisatva, gek.
D19 Kopf einer Devatā, gekauft,
D20. Torso eines Bodhisatva. gekauft.
D21. Kopf eines Buddha, gek.
D22. Fresko mit drei Buddha's, wahrscheinlich aus Ψ'. gek.
D23. altes Fresko: Bodhisatva, gek.
D24. altes Fresko: Amitâbha nebst Dekorationsstück bei Q gef.
D25. ebenso, Amitâbha. gekauft
D26. Zwei lamaistische Amitâbha's aus Kloster ν' gekauft.
D27. Amitâbha-Paste mit Untersatz bemalt und vergoldet, gek.
D28 hölzerner kleiner Buddhakopf gekauft.
D29 hölzerner knieender Bodhisatva ohne Kopf; gekauft.
D30. alter, hölzerner Spiegelgriff mit Flötenbläser; gekauft.
D31. Fragment einer Veda-Figur Stab mit zwei Händen, gek.
D32 hölzerner Plinthus (Totenköpfe) einer Tantragottheit, gek.
D33. Bronzener Buddha, vielleicht Kshitigarbha, auf d. Ruine gek.
D34. Hohle Messingkugel
D35. siebeneckiges Eisenstück, angebl. mit Silbermünzen gefunden.
D36. vierzehn chines. Münzen in DAKIANUS-Stadt überbracht
D37. Zwölf Tsa-tsa's und
273

58 | 在吐鲁番考察档案中找到的达克雅洛斯城（格伦威德尔偶尔这么称高昌）的第一份出土文物清单。所有来自那里的文物都加上了“D”来标识。

59 | 哈拉和卓的骆驼休息处位于依高昌城墙修建的一个四方院子里。这里给人与动物都提供了遮阴之处。格伦威德尔和勒柯克喜欢用骆驼来运送文物，因为骆驼柔缓的步态对于那些易碎的物品危险性最低。

录残垣断壁，逐个考察遗址以及临摹壁画；与此同时，巴图斯和他的帮手们在清理瓦砾中的建筑，寻找残留的手写文书并且收集工艺品。胡特是三人中唯一一个会说突厥语的，除本职的考古工作外，还承担了与本地人的联系交流。他临写题记、拍摄照片并且尽力为所有需要的地方提供帮助。另外，看来他还有额外的独立工作。这次考察之后，他为学习语言和收集民族志材料在奥什附近的帕米尔地区待了一年，由此可以推断，他应该在高昌同样为民族志花了一些时间。

除了这些工作，他们还去了周边地区考察。目的是为了确认这些不同寺院的地点与禅修之地有什么关联，并尽可能勾勒出它们活跃的年代顺序，以及不同时期的宗派和风格。格伦威德尔同样还希望通过分析其他地方的佛教遗址来获得启发，以还原高昌的建筑。他们沿着哈拉和卓河岸骑行，到达胜金口、木头沟以及克莱门茨曾经工作了更长时间的吐峪沟。

直到1903年1月中旬，他们大多数时间仍在高昌。在此期间，格伦威德尔完成了他的平面图，图中画出了所有的建筑残迹。另外他还绘制了大量单独的平面图，并详细标注了所有发现，从残墙与文物，到壁画和木梁的痕迹。时至今日，他于1906

年出版的论文，还是一切高昌研究的基础。

在第一次考察期间，针对如此大的范围，进行全盘分析和记录显然是不可能完成的，因为里面包含着被一再增补和改建的不同建筑，这其中有来自佛教的和后来被证实的摩尼教时期的残迹。

当他们在1月将工作重心转移到一小时骑行距离外的胜金口时，这三个柏林人其实只能对很少的地点进行非常精确的研究了：单是西南面内外城墙之间巨大的多层寺院群（β）及内墙上层层叠叠的遗址（α）应该已够今天的考古学家们工作多年了。另外，他们主要探察了当时还耸立在中心位置的大量建筑以及城墙外的东北区域。从第二次考察的成果中可以看出，高昌故城确实还有很多工作要做。第二次考察的参与者发现，仅两年之后，可供研究的建筑遗迹明显减少，而如今几乎都不存在了。令人极为遗憾的是，由于缺少资金及农民农忙，格伦威德尔和他的队员们在高昌的工作自1月中旬起几近停滞：

60丨这件回鹘可汗像的幡画，是第一次考察期间在内城墙上的殿堂（α）中发现的。从构图来看，时代属于回鹘时期（10—11世纪）。手持折枝花的白胡子可汗可能是那座小佛堂的供养人。

当春天来临，吐鲁番的居民们开始将穿城而过的水渠放满水，城墙内各个遗址之间的田地里也灌满了水。这些都极大地加剧了城中工作的困难，同时他们继续破坏遗址并且运走瓦砾——有些12月才测量过的寺院，到2月底已经认不出了，所有的墙都被拆毁，通道被挖，四处的建筑花饰被打落，散落田间。（Grünwedel 1904：23页）

巴图斯在发掘吐峪沟和胜金口的石窟及地面建筑期间，还试图在这几天里做完高昌围墙外的考察，以便格伦威德尔在那里测量和画图。其后，他自2月起便完全专注于胜金口遗址了。

临近风景如画的吐峪沟山谷的最深处，有一排石窟寺的遗迹，克莱门茨于1898年曾特别关注过。格伦威德尔虽然知道这的石窟里有吐鲁番地区最古老的壁画，但他没有那么多的时间和经费将所有地点详细考察，只短暂地参观了吐峪沟。勒柯克则于1905至1906年在吐峪沟花了更多的时间。

高　昌

自1世纪起，在如今的哈拉和卓地区就有军事长官和一处名为高昌的驻防地，人们在它的庇护下生活，商人也可将货物安全地存放于此。

当游历者在20世纪初讲述吐鲁番地区大片的遗址时，他们通常说的便是高昌，高昌还以达克雅洛斯城和亦都护城而闻名。而那时，高昌应已荒废数百年了。只有北部区域被邻村哈拉和卓扩张的居民区所占据，东北部有一处现代的墓地。格伦威德尔于1902年作为第一个对其全面研究的欧洲人在此地工作，因为他发现到处都有寺院、礼拜场所和窣堵坡的遗迹，遂将此地定位为寺院城。中心名为Zitadelle的区域，也有很多宗教内容的壁画，可能曾为王庭所在。这些被田地、道路和水渠穿行而过的遗址，几百年来饱受摧残。格伦威德尔与他的后继者勒柯克将今天已经完全消失的许多遗迹记录了下来。

值得一提的是那些数量众多并且样式各异被称为窣堵坡的建筑，表明此地可能在6至14世纪间长期为佛教僧团占用。这座寺院城于回鹘统治期间，明显进入了鼎盛时期。自9世纪中叶起的大约150年间，摩尼教成为回鹘国教，其后又受到了佛教徒的供养，因此将摩尼教寺院接收并改建。直至14世纪，高昌境内除了佛教寺院，可能还有少量的景教教堂。在中文和回鹘文的文献中，记载了哈拉和卓自8世纪起成为回鹘城市，但不能确定是否说的就是这座被城墙环绕的遗址。按照格伦威德尔的观点，在北面与西面相邻的河谷中，也就是在木头沟、胜金口，也许还有吐峪沟中的那些静修之所，原本也属于圣城高昌。

61 | 从高昌的内城墙上向东远眺，眼前呈现一片遗址的海洋。背景远处可以清楚看到外城东墙，而在它前面有一座带有高大佛龛的阶梯状窣堵坡（Y），其右可见寺院（K）遗迹，1904年勒柯克在那里发现了摩尼教的写本和绘画。

62丨东北区域殿堂T′的礼拜道中，濒临坍塌的券顶下有大量壁画，勒柯克将一些供养人像带回了柏林，如今整个建筑都几乎不见踪影。

64丨在这座阶梯状窣堵坡（Y）上，以前有塑像的84个佛龛中还能发现贴金痕迹。一铺台阶通向过去的上层平台，其上可能曾有一座带相轮的窣堵坡，可供绕塔礼拜。这座遗址后来被完全铲平了。

63丨城市西南面尽头附近寺院β的院落，由带券顶的一些斗室环绕而成。两间前室后方，有一座大型（如今重建了一部分的）塔殿立于回廊中央。其他的佛殿位于中庭两侧及入口的一些建筑中。主要使用时间约在9至10世纪。

65 | 寺院城中央所谓的可汗堡有一座双塔楼及高大的围墙。根据壁画以及平面分布图推断，这些建筑也应属于一座佛寺。

66 | 遗址α是内城墙西面一处马面的一部分。从西面看过去，可见主要遗址的南面有一座巨大的柱状窣堵坡和各式建筑。通过东面和南面的台阶到达上层的平台，上面有一座回鹘时期的小佛殿。那些由摩尼教徒建置的房间似乎是在这处佛殿修建之前便已存在。

67 | 摩尼教的书籍中通常有艺术性的插画，其学说通过单词、文章与图画来宣扬。如在遗址α中发现的书页所示，插图画家们选择了符合本地特点的母题。因此除了摩尼教身着白袍的“选民”，印度教的神祇也出现了。

68 | 带有菩萨像的礼佛场景残片，来自遗址α中一座小佛殿的礼拜道中，是一幅誓愿图中的胁侍（插图7）。

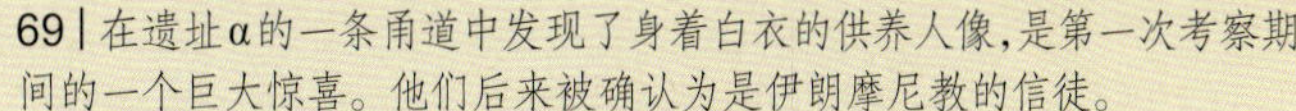

69 | 在遗址α的一条甬道中发现了身着白衣的供养人像，是第一次考察期间的一个巨大惊喜。他们后来被确认为是伊朗摩尼教的信徒。

70 | 这座细长有钟形腰线的柱状佛塔，过去一定是座引人注目的建筑。它耸立在高大围墙后的内院中，塔基四面都有一长条形台座，上面可能曾有塑像，格伦威德尔确实在院中找到了许多塑像残块。也许这所建筑标示了此地与大型窣堵坡Y（插图64）之间神道的终端。

71 | 高昌城中悠长的内城墙的功能与年代是一个谜——特别是因为遗址α是它的一部分而且直到现在都还不能解释，为何一座摩尼教殿堂建在了一个棱堡中。同样无法得知，这个地方到底有何重要意义，值得人们花费精力去将它改建为一处佛教场所。从南面沿着城墙一路走来，首先遇到的是这处巨大的马面与遗址α，同时可见远处细高的柱状窣堵坡（γ）。波尔特于1906年拍摄过的许多房间，如今已经找不到了。

72丨寺院城高昌的西面，有一座特别的殿堂（P）位于内外城墙之间。在一个64×58米的平台之上，德国人还看到了围绕一座中心塔柱的84根柱子的残迹。中心建筑应该曾高于周围的柱子，木构的前檐遮住了中心建筑角柱间的空间，这当中曾立有佛像。

短期游历及较小的工作地点：胜金口与木头沟（柏孜克里克）

当巴图斯和胡特还在高昌工作时，格伦威德尔经常独自短期外出游历。他考察遗址和石窟，熟悉环境并且绘图。早在孩童时期，他就习惯将其所见用绘画记录下来。他以这样的方式学习陌生事物，同时也弄清了它的结构与特征。在前往这些寂静之所游览的过程中，他与当地民众多有接触，这能帮助他去构想千年以前这些偏僻之地的生活。

我绝不会忘记，每当我独自带着速写本，并且完全不带武器地在胜金口或者木头沟的山间穿行时，时常遇见的事情是：只要人们看见我在那里停留，便从远处给我带来梨或柴火；或者每当山中灌溉用的田间水渠渐渐变满时，我经常看见，远处曾帮我牵马过桥的当地人就立在桥那儿。几个大钱或者

73—75 | 在吐峪沟、胜金口和柏孜克里克的山谷中，曾经生活着数百名僧人。这里到处都是土坯房与窣堵坡，还有在崖壁上凿出的洞窟。

一捧为我自带的烟斗而配的烟草，是我付给这些殷勤的酬劳。（TA：373）

1903年，格伦威德尔有意放弃了将柏孜克里克更多的壁画作为展品运回德国不仅仅是因为时间紧迫。他打算首先将所有相关事物记录下来，对于当时来说，就是依靠绘图与文字描述。狭窄的甬道和黑暗的内室不适宜拍照，因此必须放弃这类辅助方式。只有在不影响壁画与周围的整体关系或者石窟有垮塌危险的特殊情况下，他才完全支持巴图斯将壁画切割下来带走。他非常清楚这些壁画对于博物馆展览的价值，也深知它们是本次考察能够大获成功的关键所在，而他自己对图像艺术也如此地着迷。另一方面，他并不考虑盲目地为博物馆收集器物。他已经在博物馆工作很长时间了，常常因藏品过多而苦恼，同时他也无法在第一次考察中准确估算运输的风险。

76 | 格伦威德尔仅存的速写本中，保留了1903年哈拉和卓河与木头沟河河畔那些遗址的素描。胜金口第10窟的窟前建筑在山崖前的平台上紧贴着崖壁。

除此之外，格伦威德尔还可能在之前的几年中关注过有关考古学方法的学术争论。英国人弗林德斯·皮特里在埃及的阿玛纳展示了如何仔细地观察城墙遗迹，能够得出一个有效的建筑分析，对于文化而言，这通常比单件的精美文物能作出更多的解释，甚至有时还能帮助发现有价值的文物。而格伦威德尔首先学到的是，如果不去理解和记录文物，便将其从所属的原生环境中掠走，是一种犯罪。如今他明白，他没有多年的时间像考德威在巴比伦一样，对一处地点做真正的建筑测绘记录，他的工作更像是一次周密的基础调查。然而他不能确定，是否还有机会再次实地勘察，因此他便争取将工作做得更加细致全面。

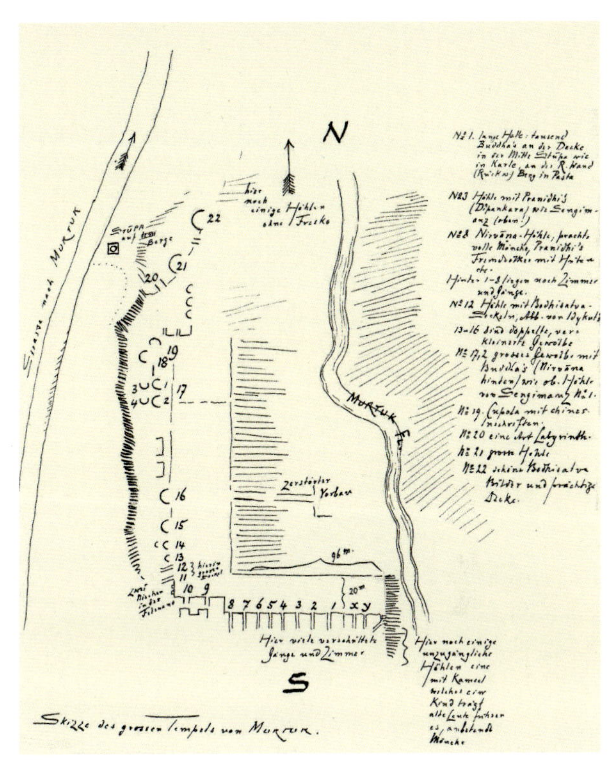

77 | 速写本中保留的1903年柏孜克里克的图中，标示的是由格伦威德尔从南到北为洞窟编制的旧编号。

位于吐鲁番东北方向大约75公里以及胜金口西北方向约10公里处，哈拉和卓河的支流木头沟河河畔的木头沟村周边地区，如今还分布有许多遗址和石窟，它们在20世纪初，都被研究者以这座村庄的名字命名为“木头沟”。最重要的遗址是在柏孜克里克，维语中叫作“绘画之地”，实际上那些存于建筑物与石窟中，高达数米色彩绚丽的壁画确是它的突出特征。

柏孜克里克位于一条可能存在已久、在高处沿西河岸延伸的道路下方的临河崖壁的平台上，在那条路上看不见石窟。古代曾经有两条自平台往上、至小型穹顶建筑为止的陡峭台阶。如果在旱季通过河床从胜金口或者木头沟来此地，一定会目睹走过河湾后的壮丽景象：数米高的拱顶与穹窿，窣堵坡与前廊密集地建在火焰山山坡上及巨型沙丘前。一道台阶向下通往河边，那里还有些其他建筑。

20世纪初，柏孜克里克石窟的许多墙体早已被毁坏或者掩埋。其后方的一部分崖壁也已坍塌，遗址被掩埋于瓦砾与碎石堆之下。寻宝者在此地挖出了路和坑道，将那些石窟的入口都露了出来。

格伦威德尔从那些旅行记录中了解到柏孜克里克，与克莱门茨一样将其称为木头沟。格伦威德尔于1月参观了这处遗址，很快便决定在此长期工作。如他于1906年详述，柏孜克里克遗址的丰富使他非常震撼，鉴于能利用的时间不多，他决定将这处遗址的全面研究推迟至下次考察。1、2月份气候寒冷，冰天雪地，当地缺乏住宿条件，壁画和泥塑的数量又很大，原本为考证清楚图像的主题与类型需要临摹，而在此情况下做详细的描述也不可能了。

78 | 当寺院上方火焰山的砂岩随一天中光线的变换呈现出不同颜色时，柏孜克里克崖壁上的平台大多时候都笼罩在阴影之中。

1月份那几周里，我们在此停留时，天气非常寒冷，而且朽蚀的拱顶和残破的屋室都被冰雪覆盖着，要想做深入研究是不可能了。（Grünwedel 1906：161页）

在两天时间里，他用几个钟头完成了一个粗略的概要和平面示意图，还记录了一些关于壁画的重要细节。这里的壁画保存下来的比高昌多，身着各式服饰的回鹘供养人图像尤为引人注目。他决定仅将少数壁画作为样本带回柏林，因为他打算先做好其余图像在原始洞窟的关联性记录并完成绘图。

他哪儿来的信念，可以筹到经费进行下一次考察，这依然还是一个谜。他给妻子这样写道：

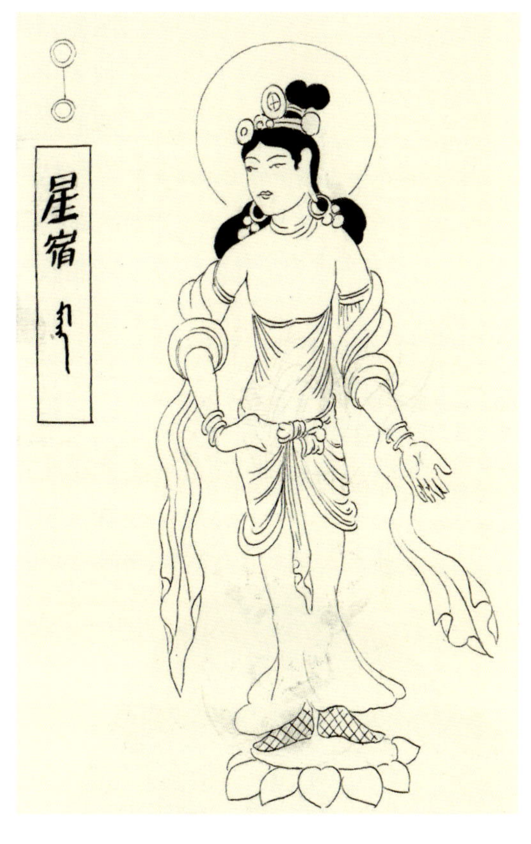

79 | 格伦威德尔于1903年临摹的胜金口第6窟穹顶上的星相图（纳沙特拉）。其中一个是1月21日至2月19日间的星座——摩伽。

我经常去胜金口，而木头沟去了两次。它位于哈拉和卓（这里是说胜金口）以北3英里处。地处山间荒芜之地，无比宏伟壮丽。1月中旬，我和巴图斯第一次骑马前去。风景十分特别：光秃秃且因含大量金属而呈红绿色的荒山上覆盖着白雪。在落日的余光中，我第一次看到了石窟寺院，在周边极度荒凉中的一处绝妙景致。夜晚，我们伴着月光踏上归途。我们从木头沟带回了四块壁画。（TA：296）

格伦威德尔放弃了研究柏孜克里克，也只是短暂参观了克莱门茨挑选的工作地点吐峪沟。他主要待在胜金口全力考察洞窟建筑，2月里，每天都骑马去那儿。山谷前方有两座紧挨着的地面建筑遗存，其中一处有附属的石窟。其他的石窟和土质建筑沿着河流向木头沟方向延伸，整个区域跨度约1公里。格伦威德尔详细考察了五处遗址，都是多层的，有些有大量的壁画，其主题和风格都接近柏孜克里克石窟寺中的壁画。特别吸引格伦威德尔的是所谓的星相图窟，即克莱门茨的第6窟。他已经在固勒扎从费多罗夫领事那里听说了“纳沙特拉”的

胜金口

高昌的东北面，现代的高速路G312在哈拉和卓河西岸的高处沿着河流延伸，在汇入木头沟河的入口处前面一点的地方，坐落着胜金口的河谷。这里的山谷在两处河湾之间延伸，因此有了空间来容纳村庄、园圃和树林。如今依旧存在的古道向东通向河谷深处，那里有一座桥连接两岸。不难想象，古时商队如何由此去往哈密，商人们在数量众多的寺院中，祈祷旅途平安。十处大的遗址，部分与石窟相连的建筑群，不计其数的窣堵坡是克莱门茨已经见到过的，并且也被格伦威德尔和勒柯克研究过。格伦威德尔1902年选择此地是因为它的位置以及建筑。他特别期望从石窟建筑与独立的地面寺院之间的关系中获取重要信息。胜金口与柏孜克里克的遗址同属哈拉和卓河流域，这可能是格伦威德尔打算将这两处遗址都与哈拉和卓河畔的圣城（高昌）联系起来研究的重要原因。

胜金口距离他们在哈拉和卓的客栈大约10公里。格伦威德尔带着巴图斯去那里游览过一番，另一次是独自前往。他用脚步测量遗址并且绘图，后来捐赠出一本绘于这个时期的速写本，其中有一幅这处河谷少见的风景画。

81 | 波尔特于1906年拍摄的站在胜金口1号石窟寺前的巴图斯。穿过几个洞口可以清楚地看到石窟内部的壁画，显露出围绕中心像龛的礼拜道（插图82）。

82 | 胜金口第1窟的圆拱面装饰着大幅的说法场景。借此使人联想到佛说法时的各个重大事件。

84 | 胜金口河谷左岸上方有一大片建筑院落(10),格伦威德尔于1903年绘过图(插图76)。那些土坯墙体曾环绕着窣堵坡和殿堂,殿堂有一部分嵌入了崖壁中,并装饰着大量壁画。

83 | 速写本中格伦威德尔于1903年所绘的图像展示了胜金口的河谷入口。在小河的东岸之上可见“星相图窟”的入口，一座近代农庄位于峡谷西面。

在吐鲁番他们又住在了阿赫洛尔·汗家并且待到了3月12日。在这期间，他们操办着运输事宜，与马夫和赶骆驼的人协商价格，列出运输清单，给塔尔巴哈台的运输公司发电报。和往常一样，因那些需照章行事的事务而耽误了，因为无论是塔尔巴哈台的运输公司的价格，还是要将箱子运去那里的车夫的价格，都需要经过长时间的讨价还价才能谈妥。经常是昨天已经答应了，今天就变卦了。而且还需要计算好时间，避免重要的货物在路途中没有必要地过久存放。傍晚，格伦威德尔喜欢在房东家后面的棉花地里散步。某天，他发现了远处的几处遗址。

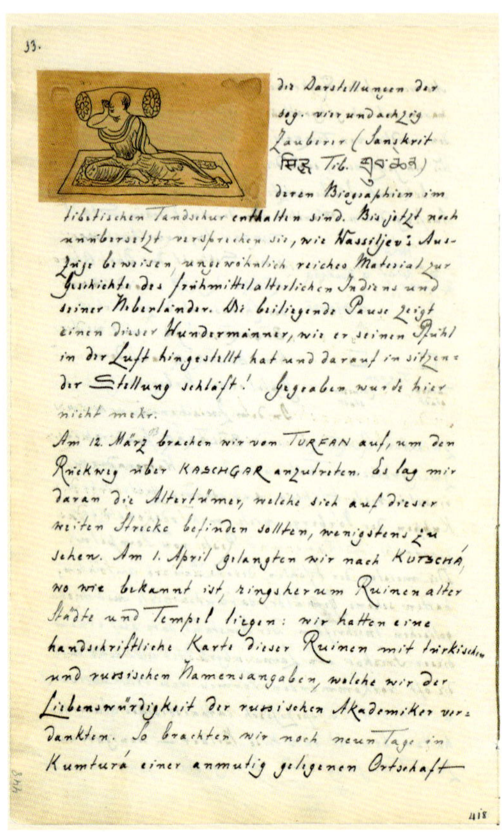
33.

die Darstellungen der sog. vierundachtzig Zauberer (Sanskrit सिद्ध Tib. གྲུབ་ཐོབ) deren Biographien im tibetischen Tandschur enthalten sind. Bis jetzt noch unübersetzt versprechen sie, wie Wassiljew's Auszüge beweisen, ungewöhnlich reiches Material zur Geschichte des frühmittelalterlichen Indiens und seiner Nebenländer. Die beiliegende Pause zeigt einen dieser Wundermänner, wie er seinen Stuhl in der Luft hingestellt hat und darauf in sitzender Stellung schläft! Gegraben wurde hier nicht mehr.

Am 12. März brachen wir von TURFAN auf, um den Rückweg über KASCHGAR anzutreten. Es lag mir daran die Altertümer, welche sich auf dieser weiten Strecke befinden sollten, wenigstens zu sehen. Am 1. April gelangten wir nach KUTSCHÁ, wo wie bekannt ist, ringsherum Ruinen alter Städte und Tempel liegen: wir hatten eine handschriftliche Karte dieser Ruinen mit türkischen und russischen Namensangaben, welche wir der Liebenswürdigkeit der russischen Akademiker verdankten. So brachten wir noch neun Tage in Kumturá einer anmutig gelegenen Ortschaft

418

85 | 1903年的考察报告中，格伦威德尔描述了他在吐鲁番以北山中的游历，以及他在第二个河谷中的第9窟里发现了84位外道图像的经历。

回程途中我们又到了吐鲁番，我傍晚去吐鲁番以北的山里散步时，无意中发现了遗址……我用了一天空闲的时间游览了一番。库鲁特喀村地处吐鲁番回城以北的一座山谷的出口处，汉城的北面首先是bāghrā，然后就是位于一座丘陵山峰上的布拉依克。（TA：363）

好奇心驱使他将那些需协商的事务还有工作与同事们都放下了一天，步行去了博格达山山前的丘陵地带。他在位于库鲁特喀与布拉依克村之间，三条宽阔的干涸河道间的平地上，发现了殿堂和窣堵坡的遗迹，以及在邻近山丘上的约20处石窟遗址，其中部分有晚期佛教的彩绘。他粗略绘制了此地地形，还记录了壁画中的那些场景。壁画内容格外地吸引着他，这些年间，寻找丝绸之路上吐蕃统治时期的痕迹，激起了他极大的热情。

7—8世纪，吐蕃王国进攻了吐鲁番盆地，并建立了军事据点，常常在此联合汉人统治这一地区。那时在西藏本土，佛教正得到大规模弘扬，因而增加了许多译成藏文的佛经。格伦威德尔此时根据他在吐鲁番以北及胜金口的发现，认为这次运动的开端可能在丝绸之路上。因此，他肯定更愿意在这里待久一点。然而钱快花光了，他的“假期”便也结束了。而且他们想要到达新疆的边境，还面临着30天的旅程。就算他们才刚开始对这里古老的文化有了一点认识，即便这里原本还有很多事情可以做，也必须启程了。

3月12日他们的箱子装着考古的"收获"上路了，经乌鲁木齐去往塔尔巴哈台。格伦威德尔、胡特和巴图斯便可以比较轻松地带上装有写本文书和壁画的箱子外加行李，踏上西去的归途。原定的考古任务已经完成了，然而途中还有许多遗址点，尽管他们需要赶时间，也还是打算至少去看看。

86丨波尔特于1906年拍摄的吐鲁番以北的山谷，格伦威德尔于1903年参观过这里。在第三个河谷的峭壁之上，他看到了一处带有横券顶的大型殿堂遗迹。

87 | 吐鲁番西面的库鲁特喀与东面的布拉依克，各自距离吐鲁番大约一小时（步行）的路程，它们被西南走向的三条河谷分开。在这三条河谷的范围内，有大量主要来自佛教晚期，也就是2千纪开端的建筑遗迹（如此图中）以及石窟。

回程——从吐鲁番到库车

这条线路自吐鲁番起，首先经过吐鲁番盆地最西面的托克逊，之后上行至阿格尔布拉克山口翻越天山支脉。

更长的一站是去往喀喇沙尔，也就是如今的焉耆，大约有350公里路程，然后抵达库尔勒，他们在那里受到了当地官员的接待。虽然格伦威德尔只字未提，他们应当是去看了硕尔楚克的遗址。而在他记录旅途中各站地名的单子中，直到1906年的正式考察中才出现了这处遗址一旁村庄的名字。4月1日他们抵达库车，在那里住在一位来自费尔干纳的商人家中。一有机会他们就会从住处骑马出门在附近游历，也可能去过苏巴什的遗址，因为在格伦威德尔的报告中，提到了那些位于河流两岸的寺院遗址，并且提到了苏巴什古城中的昭怙厘寺的名字。如果真去看过了那里，那就完全不能理解，1906年他没有再去并且没再提起。因为时至今日，无论这里的环境还是建筑，都还令人惊叹不已。勒柯克后来于1913年对苏巴什的遗址进行了详细的考察。

他们在库木吐喇停留了6天，并且考察了许多石窟寺院。虽然已有足够的价值不菲的文物在行李中，巴图斯还是在所谓的涅槃窟中将一大幅佛涅槃图壁画切割了下来。这幅图像的独特魅

88 | 这幅涅槃图于1903年在库木吐喇（第12窟）被揭下。佛枕着右手躺在临终床上。身后有火焰背光环绕，众神膜拜。背景中开花的树木表明，他的离世被认为是喜事。

力，让他们无法抗拒。几年以后，他们还将见到许多这样的画像，并且确认这种涅槃图在库车地区一定时期内的那些风格独特的建筑中，是非常典型的题材。在库木吐喇的几天里，他们可能住在一个当地的伊玛目家中。之后回到库车，并于4月10日启程前往喀什噶尔方向。

一天之后，三位德国人在途中的一个餐馆遇到了两位年轻的日本人，还受邀吃了一顿米饭。渡边哲信和堀贤雄，是西本愿寺僧团的两位成员，受大谷伯爵委托，和他们一样为了考察佛教遗址而来。这些旅行者们激动地谈了两个多小时，还交流了经验以及熟识之人。渡边1902年在伦敦了解到了格伦威德尔的考察，而德国人在乌鲁木齐的时候就听说了，日本人在这一带出现过。在此相遇还是让双方都感到惊喜。奇怪的是，虽然日本人前一天就参观了克孜尔的石窟，并且打算之后再来，但他们似乎并没有给德国人讲述那里无比精美的壁画。无论在他们自己的日记中，还是在格伦威德尔这段时间的报告中，都没有线索表明他们有说到过克孜尔的洞窟。格伦威德尔和他的队友曾于1903年在旁边几公里的地方经过，而克孜尔石窟据说是勒柯克1906年发现的，也是格伦威德尔日后获得巨大成功的工作地点。如今在亚洲艺术博物馆中的大多数壁画都来自克孜尔。

89丨大谷伯爵筹划考察细致入微，还让他的僧侣们带上一套为赴约准备的正装。这位或许是渡边哲信，也可能反映的是一位已知的欧式西装爱好者——拜城县令张元缜，他依照大谷考察队僧人吉川的西服为自己定制了一套。

对于这次见面，格伦威德尔自己也没有提及。不过在柏林博物馆的馆藏中有一位穿西装的日本年轻人的玻璃负片，可能是渡边哲信，和所有大谷探险队的成员一样，总是带着一身合体的晚宴西服。

从库车到喀什噶尔

去往喀什噶尔大约还有700公里。他们用了五天，于1903年4月15日抵达阿克苏。从那里出发，后面的路程大约还需要两周。

这条在现代高速公路线南面，沿着喀什噶尔河的线路途经巴楚、Ordelik[1]以及伽师，从东南方向进入喀什噶尔。

最后从巴楚到喀什噶尔的那几天特别辛苦，要穿越塔克拉玛干沙漠的西部边缘地带。后来在柏林，格伦威德尔仍在试图去感谢一位乐于助人的陌生人，那人当时给他们提供了餐食：

到喀什噶尔之前的几天行程，我们穿越了一处沙漠，这里有为旅客而设的驿站，但食品非常短缺。带上路的羊肉由于高温已不宜食用，这是我们整个行程中仅有的一次担心没有足够的食物。真正的危机还谈不上，只是餐食分量肯定比平时要少。当我们走进客栈时，一些中国人迎面而来，邀请我们用餐。应该是一位去喀什噶尔的将军注意到了我们，因为他了解当地的状况，就把他的厨子们打发了过来。我们发现铺了桌布的桌子上，摆满了中国美食，让我们在多日辛劳后感到非常惬意。那是4月的最后一周，我觉得，中国政府应该能够确定，这位乐于助人的施主是谁。（TA：371）

90 | 哈尔马特·汗是来自安集延的商人们的阿克萨卡尔，他是1903至1906年间德国考察队的房东。

喀什噶尔在1903年，以及1911年中国辛亥革命之后的很长一段时间内，都是一个虽小却很国际化的城市。来自英属印度、阿富汗、塔什干、布哈拉、安集延和奥什所在的费尔干纳盆地，以及更北部在今天的吉尔吉斯斯坦和哈萨克斯坦地区的商人在这里都有分店。大多数的汉人住在喀什噶尔老城正南面的新城英吉沙尔。驻防地以及提督的办公场所（衙门）位于老城西面延伸出来的清朝时所建的围墙内，在老城南面的中心区域。四扇大门通向广大维吾尔族聚居的高墙围绕的老城。和当时新疆所有地方一样，城门晚上会关闭。西面的新门连接城内和所有通往印度的商路，通过南面的沙门可以穿越沙漠去往叶尔羌和和阗，通过东面的孔门去往东疆，而从北面的俄门穿过城墙外的俄国人聚居区，可以通

[1] 可能在巴楚地区。

往途经帕米尔与天山的商路。城墙外也有外国商人的客栈。最大的一个挨着北门，是来自安集延的商人开设的，旁边就是地处喀什噶尔河（吐曼河）河畔的俄国总领馆。

沙皇俄国自19世纪70年代以来，将边境扩张到了帕米尔，所有来自“西突厥斯坦”的商人都依例被视为了俄国人，并处于俄国领事的保护中。而在喀什噶尔，自1874年就有一个俄国代表处。但领事却长期空缺，直到1883年尼古拉·费多罗维奇·培措夫斯基上任。直至1896年他一直是这里的领事，而后担任喀什噶尔地区的总领事到1904年。由于任期很长，他在局势紧张的时期发挥了重要作用，特别因其强势的个性，使他成为传奇人物。他的官邸自1903年起便在一座山丘东面由哥萨克士兵驻防的一大片区域内。山丘上的大园林内是秦尼巴克，即英国代表处所在地。那里环绕中庭的小巧屋舍，于1890年被第一位英国公使荣赫鹏和他的翻译马继业当作栖身之处。1891年马继业作为荣赫鹏的继任，在这里住到了1918年（自1912年作为总领事）。当格伦威德尔1903年到达喀什噶尔时，马继业和他的家人正回国度假，而由美乐斯代理。美乐斯和格伦威德尔进行了长时间的谈话，并赠送给博物馆两件来自塔克拉玛干沙漠的小泥塑。

91 | 培措夫斯基（1837—1908年）于1882至1904年间在喀什噶尔先后担任了领事和总领事。

在喀什噶尔，第三个欧洲人的聚居区是瑞典人的。城墙外的西门与南门之间，坐落着面向宽阔的克孜勒河河床的瑞典传教士工作站（瑞典行道会），那里有一所小型学校和一间医院，此处建于1892年。1903年，这里住着马格努斯·鲍格伦德博士，阿尔伯特和玛利亚·洛维莎·安德森夫妇，以及洛维莎·恩格瓦。这个教会医院是当时在喀什噶尔的唯一一所提供西式医疗救助的场所。而在接下来的几年中，格伦威德尔和勒柯克也得到了传教士们的帮助。

格伦威德尔十分欣赏俄国公使培措夫斯基的个性。这位公使在其常驻期间，深入了解了客居国家的历史与文化。他邀请德国人去家里做客，并请德国人讲述他们的旅程。他参观过许多古代遗址，还让人绘制了一些地区的地图。圣彼得堡的科学院就

92 | 培措夫斯基的办公室中，格伦威德尔与这位俄国总领事关于考古工作进行了数小时的热烈交谈。格伦威德尔对这位俄国人收集的当地故事非常感兴趣。他将其中一些记录在了一本笔记本中，如今和他的遗物一起保存在慕尼黑国立图书馆。

是通过他得到了当时最重要的一批出土写本。而他后来将自己收藏的大量写本和铜器赠予了圣彼得堡的亚洲博物馆。

在喀什噶尔停留的14天中，三位旅行者主要忙于办理通过关口和边境去往俄国突厥斯坦的通关文书，租赁运输工具以及打包箱子。傍晚时分，格伦威德尔经常与培措夫斯基一同坐下愉快聊天。

在此期间已经进入5月了，帕米尔的山坡因积雪消融而泥泞，所以只找到了很少的车夫愿意帮他们运送箱子。这使接下来的路程变得异常艰辛。美乐斯和培措夫斯基给了他们很好的建议，而真正的帮助仅来自瑞典人。格伦威德尔在总结报告中称他们为“北方的真正救星”：

可能真的是这些先生的干预，才挽救了运输这些在木头沟、胜金口和库木吐喇收集到的壁画的工作。因为培措夫斯基认为唯一可行的办法——用马驮着这些箱子通过捷列克（山口），被排除在外了。因为箱子太重，天气变暖：他们必须蹚过水很深的

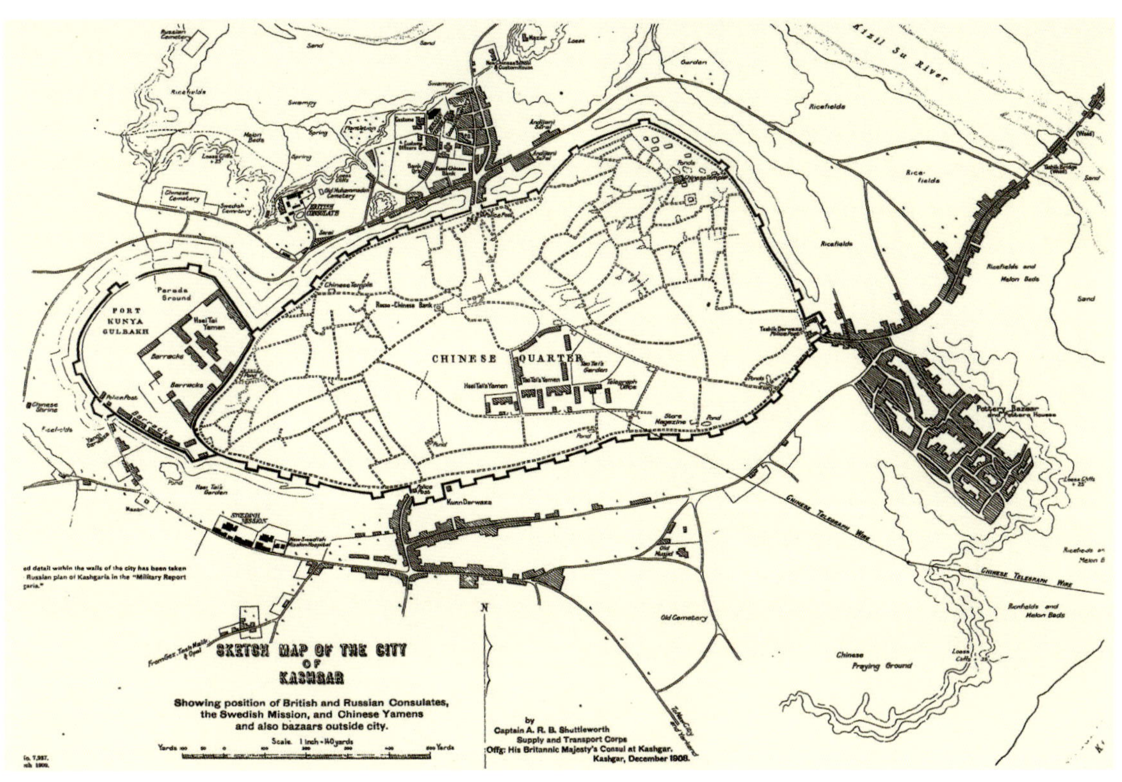

93 | 萨特沃尔斯上尉于1906年绘制的喀什噶尔地图，标示出了城墙边上两处领馆的地点以及城门位置。

94 | 原籍荷兰的佩特·亨德里克斯于1885至1906年间生活在喀什噶尔，与马继业交往密切。他喜欢混迹于当地民众中，但是不会说当地方言，因此作为传教士毫无建树，仅靠当治疗师挣点儿小钱。

河流，那样箱子会被浸湿。而最终不可取的原因是，装了壁画的箱子用马驮着过于颠簸。在紧急情况下，这些先生们提供了帮助，他们请传教时认识的一位中国朋友，尽可能及时地提供了所需的骆驼，不过是以很高的价钱。(TA：368—369)

最后一段旅程

终于在5月17日将所有的箱子都打上了铅封。虽然海关免检通过俄国的运输许可还没有办好，但是人们建议德国人尽快启程。

德国考察队就这样踏上了前往伊尔克什坦的路途，并于5月25日抵达。那里有一位在此生活多年的俄国海关检查员，其首要任务是阻止鸦片买卖进入俄国。当德国的队伍带着牲口抵达此地时，他为他们提供了住处，并且帮助他们将运载物转由牦牛运送。去往捷列克山口还有5天路程，而骆驼无法找到被新雪覆盖的道路。

在伊尔克什坦，与培措夫斯基承诺的相反，为13个箱子和一捆猎枪申请的通行证还无法呈递。但是这位检查员向他们保证，如果在圣彼得堡为已有的运输许可申请延期5个月的话，就不会有什么问题，因为喀什噶尔海关检查的铅封已能证明这份运输许可。他们便这样继续上路了。

1903年5月30日这些柏林人通过了捷列克山口最高点，并于6月3日抵达奥什城。由此乘俄国邮车前往安集延的火车站，仅需一天的路程。胡特在那里离开了他的同事们，他将为研究语言和进行民族志考察在帕米尔地区再停留一年。胡特将旅途中一个特别有意思的帕米尔地区民族志材料的收藏带回了柏林，如今还保存在民族学博物馆中。而他自己在返程时便病得很重，后于1906年6月1日去世。

瑞典人的传教

隶属一个瑞典新教独立教会的传教工作站，于1892年在喀什噶尔成立。它一直存在到1938年所有工作站关闭。在最初几年被当地穆斯林民众强烈抵制后，这些工作站在喀什噶尔、叶尔羌(1896年起)、汉城(1908年起)以及英吉沙尔(1912年起)通过他们的医院和孤儿院成功地被接受。起初十年的医生主要是拉尔斯·艾瑞克·豪格伯格和古斯塔·拉奎特，他们在最简陋的条件下，使用临时设备竭尽全力地工作。豪格伯格除此之外还是建筑师和木匠。他不仅设计建造了教会医院，还有喀什噶尔的英国总领事馆。而拉奎特除了他的医生职业，还从事民族志及语言学研究。这一地区的所有考察队，都受益于热情好客、助人为乐的传教士。当格伦威德尔1905年圣诞节带病从捷列克山口到喀什噶尔时，受到了豪格伯格的照顾，而勒柯克在1913年，因严重的肠炎生病，也接受了喀什噶尔医生的医疗建议。

在安集延将箱子交付给俄国的运输公司送往柏林，格伦威德尔在辛苦了最后几日后，享受着骑马穿越阿赖山脉的旅程。1903年6月4日，他在奥什写信给他的同事弗里德里希·威廉·卡尔·缪勒：

好长的一次旅行！而我所见到的最美景色，是从喀什噶尔到奥什穿越壮丽的阿赖山脉那段旅程。（TA：299）

他与巴图斯一道乘火车去克拉斯诺沃茨克，再从那里坐船经里海到巴库。他们在这里乘火车途经罗斯托夫和莫斯科前往圣彼得堡，并在圣彼得堡停留了8天。格伦威德尔在卢加的度假屋中拜访了他的同行学者拉德洛夫，向他讲述了考察经历，并感谢他为这次旅行的顺利进行提供的帮助。然后他们再次登上了列车，于1903年7月5日抵达柏林。

喀什噶尔

喀什噶尔是喀什噶尔绿洲的中心，以及中国最西边的城市。在地理位置上，相对于到吐鲁番及北京的距离，它离安集延与德黑兰更近一些。

即使朝廷将这个超过2 000年历史的商贸枢纽以及驻防地视为帝国固有的一部分，而对喀什噶尔人来说，与高山那一边的联系一直是最重要的。与帕米尔西部的绿洲城市，与西南面的克什米尔和犍陀罗，还有与北面今吉尔吉斯斯坦和哈萨克斯坦的广阔盆地的贸易，同样是他们除了农业以外的生存基础，并且直到现代还依然如此。来自费尔干纳盆地、布哈拉、克什米尔和阿富汗的商人在喀什噶尔开分店以及建立贸易站点。在驿站中人们见到来自东部和西部最新的东西，彼此深感兴趣而又敝帚自珍。如同以前的佛教，伊斯兰教自8世纪起也通过途经喀什噶尔的这条线路传播，穿越整个塔里木盆地。和佛教僧侣以及游吟行者一样，如今不同穆斯林派别的朝圣者也来到这里。10世纪，喀喇汗苏丹转向伊斯兰教，喀什噶尔逐渐伊斯兰化。而这段时间并不太平。与之相反，除了蒙古的屡次征伐，喀喇汗王国中的权力斗争也导致了其灭亡——可汗（部落首领）与和卓（拥有世俗权力的宗教领袖）的对立，还有历代中国皇帝的惩戒措施。

19世纪，喀什噶尔最具特色且非常宏伟的建筑是环绕整个老城及西面清代碉堡的城墙。阿古柏在其短暂的统治期间（1866—1877年）曾让人修缮过，在20世纪早期还完整保留着。城市中心有拥挤的土木结构住宅区和集市，还有当可追溯至10世纪的艾提尕尔大清真寺。宗教生活主要是受“西突厥斯坦”的伊斯兰苏菲派和保守的逊尼派思潮影响，同样也受到特别是在塔吉克人中流行的什叶派的影响。

中式的生活主要是在老城城墙以外的广大地区，这样就维护了社会的安宁，而且有些喀什噶尔人觉得汉人的治安方式比19世纪末的混乱要好。

95 | 1906年，从老城最北面的英国领馆向西北方向眺望，可见宽阔的河床以及怪石嶙峋的地貌向着远处山脉延伸。

96—99 | 带有高大城门的城墙（插图97），门上都有一座为戍卫及其装备而建的城楼，这几乎是唯一的证据表明喀什噶尔是一座中国城市。集市与当地的建筑风格，还有老城中的热闹生活都更容易让人联想到西突厥斯坦的奥什和安集延。勒柯克于1905年用他的小相机拍摄了各种街景。

97 | 喀什噶尔的城墙与一座城门。

98 | 喀什噶尔街景。

99 | 喀什噶尔街景。

100 | 外国人在喀什噶尔南面克孜勒河的河床上运动和骑马。从这里可以看到沙门及南面的城墙，还可以认出清廷的碉堡等防御设施。

101 | 喀什噶尔的英国领馆及其第一任住户，是赢得了传奇般声望的马继业一家。马继业于1890年作为英国学术考察队荣赫鹏的翻译来到此地，清朝的地方长官将城外少数石质房屋中的一栋让他们居住。这处建筑，因其所带的花园被称为秦尼巴克，在荣赫鹏离开之后成为马继业的安身之所，也成为当地的第一所英国代表处。

102 | 1914年前后拍摄的英国总领馆花园。

103—104 | 1914年扩建后的英国总领馆。

105 | 穿越帕米尔及阿赖山脉的道路会季节性地变得很糟糕。夏日，积雪融化使得地面泥泞起来，穿越这些路段会比冬季地面被冻硬时更难。人们便骑上从不失蹄的牦牛穿行于通往最高处的山间小路上。

106 | 帕米尔山区涵盖了几座地球上最高的山。这个地区的贸易一直都很繁忙，商队首领经常需要在塌方后寻找新的小道，货物需要驮在马背以及牦牛背上经由这样的小道运输，而骆驼在这种石头路面上无法行走。如今有一条大路从伊尔克什坦通向奥什，但是线路并不是格伦威德尔和其他考察队员于20世纪初选择的那条。

107 | 柏孜克里克山谷的北面。

贰

第二次考察：勒柯克的凯旋

1904年11月至1905年12月

乌鲁木齐—吐鲁番—哈密—吐鲁番—库车—喀什噶尔

108 | 来自柏林的信件通常在途中需耗时数周，有时候当它最终抵达时，旅行者们已经离开。这封信是1906年行政部门寄给格伦威德尔却被退回的，信封上展示了它沿途经过了多少个站点。

一项新的计划

如今的人们无法想象，第一次考察的结果对柏林以及全世界的学术界产生了怎样的影响。格伦威德尔带回了数以百计的寺院之城——高昌的平面图及线描图，其他如柏孜克里克、胜金口和吐峪沟遗址的分布图和描述，还有大约100张胡特拍摄的照片。除了大量的壁画、塑像以及各种语言文字的写本残卷，这些现场记录也同样极具价值，它们将多种多样的出土物置入了一个极具表现力的文化框架内。遗址和手工艺品一样，也处在坍塌与毁坏的威胁之下，因而需要尽可能地确保研究的继续进行。格伦威德尔已经证明，即使在人力物力匮乏的情况下，也同样可能取得收获。如果是一个更大的、装备更好的团队无疑能取得更大的成就。故而在格伦威德尔和巴图斯回到柏林后不久，一项新计划的筹备便已启动。尤其是缪勒于1903年年底证实了在带回的写本中有摩尼教的祈祷文书后，人们便更加迫不及待了。这些文书极为罕见，专家们急于开展后续考察。当格伦威德尔坚决要求，首先让他将第一次考察的材料分析完毕并将考古成果出版的时候，大家决定派勒柯克领队先做预备考察，而格伦威德尔要尽快跟去。

出发

1904年9月12日，勒柯克和巴图斯乘火车从柏林前往圣彼得堡。过去混乱的几周中，经常难以确定本年度还能不能启程，或什么时候才能出发。但他们最终还是坐上了前往维尔巴利斯的夜车，并在那里换乘俄国的宽轨火车。在圣彼得堡继续前行之前，他们拿到了从俄国到“突厥斯坦”的通行证，还有其他旅行文件，包括必不可少的“通关证明”。

接下来的行程是从莫斯科搭乘穿越西伯利亚的列车前往鄂

木斯克。他们乘坐的是“豪华列车”的一等车厢，列车中坐满了前往日俄战争前线的俄国军官，为了能将84普特（1 376公斤）的行李托运掉，他们着实费了一番口舌，还付一点小费。车程历时5天，随后在鄂木斯克乘船在额尔齐斯河上继续航行了5天，来到了塞米巴拉金斯克。他们在这里的一个小旅店过夜，接着乘邮车前往谢尔基奥波利。

穿过俄国的巴赫特边境站，勒柯克和巴图斯终于进入了新疆。在21公里外的塔尔巴哈台，自1858年起就有一个俄国代表处，圣彼得堡的推荐信为他们开启了在当地任职的俄国领事索科夫的大门。他们在那里停留至10月17日，这期间花几天时间拜访了中国官员并在领事的帮助下整合了马队。勒柯克于1904年10月10日写道：

我们幸运地于8号抵达此地，受到领事索科夫和他的秘书冯·瓦尔特及夫人的亲切接待。这里很热，满是灰尘，我的健康受到了一点影响（消化方面）。

今天中午，我们去中国的官署登记，希望从那里了解到乌鲁木齐途中的膳食及其他问题。组建马队的马匹和其他物件还没有准备好，所以我想还需要再停留几天。中国民众的态度，虽然没有不友好，但在我看来是有些排斥的，反而政府部门显得彬彬有礼。（TA：1030）

阿尔伯特·冯·勒柯克
（1860—1930年）

这位替代格伦威德尔成为第二次吐鲁番考察领队的男人，是一个学术界的新手——一位狂热分子，因对近东的文化与语言着迷，40岁时放弃了收入颇丰的商人职业，自付费用投身学术。他自1900年起在柏林博物馆中做义工。

勒柯克是个善于交际的人。他在英国和美国都生活过，能讲流利的英语和法语。他性格讨喜、能干、决策力强。他的旅行及发掘经验，还有突厥语知识证明他有资格参加中亚考察，如其他的于格伦威德尔第一次考察之后报名参加的慈善家一般，他准备自己承担费用一同出行。当1904年短时间内要为格伦威德尔的预备考察寻找一名领队时，综合所有条件，勒柯克是最理想的人选。明确的指示是要他在格伦威德尔到达之前，作为代理人在吐鲁番绿洲工作。

109 | 勒柯克，1913年在库姆阿里克。

继续前往乌鲁木齐

勒柯克发觉商品价格和前几年相比贵了很多，便开始担心批给他的钱不够用，因此对每次的拖延都非常恼火。当终于开始继续前行时，他催促着吉尔吉斯的车夫要抓紧时间。

穿越准噶尔盆地的路很糟糕，车辆和马匹也不是最好的。他们因而不得不一再将翻倒的货车扶正，再把行李从沙土或淤泥中一一捡起。最终他们购买了坐骑，并将行李装进了被称为Tarantass的俄式四轮厢车中。

厢车的两对轮子是用一些细而有韧性的桦木条相互固定起来的，这些桦木条上承载着沉重的车厢，人们将行李整齐地摆放在车厢里，再在行李上铺上床垫，这样行驶时便可以躺在上面。板车是一种扁平的、中间略向下凹的运输车辆，在我看来很不实用而且确实给我们带来了不少麻烦……最无法忍受的是，板车的车轴常常摩擦出火花，然后便燃烧起来，我们不得不停下来灭火，但是又没有水，只能用沙子，这些吉尔吉斯人倒是对此十分擅长。（HS：30页起）

准噶尔和塔尔巴哈台山脉东南支脉沿线景致荒芜。如同格伦威德尔1902年所见，一路有许多被摧毁或遗弃的聚落。途中很难弄到食物，致使勒柯克和巴图斯一直靠茶水和带来的豌豆汤精度日。中国的巡抚下令在每个驿站为他们准备一只活羊，用于改善伙食。而他们在前往乌鲁木齐的两周中，只让人宰杀过两次。

这些在政府要求下为外国人提供的照顾，我们今天看来仍是非常慷慨的。而那时在中国这是完全稀松平常的事，普通家庭得为这些“国家的客人”敬献一只羊，或者为他们让出自己的房子，却很少为此得到补偿。因此人们有时并不情愿提供这样的热情款待。受俄国委托，对中俄边境未经探究之地进行勘察的芬兰上尉马达汉于1907年曾说过，他常常通过赠予收获的猎物的方式，让那些偏远山区非常贫穷的主人友善一些，愿意为他与随行人员在蒙古包内提供食物和落脚之处。而这些旅行者也通常是在走投无路时，才会提出这样的要求。旅店并不是到处都有的，而且时常会遇到蒙古和吉尔吉斯的强盗。勒柯克和巴图斯于1904年翻越蒙古西面的山岭时，却只遇见了几个温和的游牧部落。

110 | 一名囚犯立在乌鲁木齐集市大街中央的站笼里面慢慢死去，而一旁的人对他的痛苦毫不关心，这一幕于1904年震惊了勒柯克。

当时中国官方对待犯罪分子毫不留情。勒柯克

后来在乌鲁木齐看到了一种处以极刑的刑具，让他震惊万分：

立在主街上的一种处以极刑的中式刑具，让我感到非常不适。那是一个笼子，里面一个死刑犯站在活动的脚踏板上。他的头固定在了枷板之间。每天脚踏板都会被向下移动一点，让他的脖子慢慢被拉长，持续8天，直到最终死亡……这个残酷的刑具旁边，行人来来往往，一个卖瓜的小贩在那里贩卖甜美多汁的水果，丝毫不被“邻居”的痛苦所打扰。（HS：34页）

在到达乌鲁木齐差不多5天之前，他们还颠簸在从固勒扎到奎屯西面一点的路上，这条就是格伦威德尔和巴图斯于1902年走过的路。离开塔尔巴哈台，在这条路上行走了大约15天之后，勒柯克和巴图斯于11月1日抵达乌鲁木齐。

在乌鲁木齐的短暂停留

他们在乌鲁木齐停留了差不多两周，办理一些必要的手续并准备考古工作所需的装备。俄国领事馆的工作人员再次给予了帮助，勒柯克对他们称谢不已：

11月1日，我们终于到了新疆的首府乌鲁木齐（4—5万居民）。俄国领事巴布洛夫尼科夫先生和领馆的科哈诺夫斯基医生非常热情地邀请我们去了领事馆，帮助我们理顺了与中国巡抚以及其他官员间的来往，并搞定了去吐鲁番的交通运输……（TA：1755）

他后来了解到，这位作为领馆医生以及领事代表的科哈诺夫斯基医生在为俄国学者克莱门茨和他所领导的博物馆收集文物。格伦威德尔也曾抱怨过俄国领事馆成员的购买助长了遗址中的盗掘行为，导致许多没有出处的文物进入收藏领域，使它们的学术价值大打折扣。勒柯克如今也为此写信向柏林抱怨，因为科哈诺夫斯基是受一位科学院成员委托而四处游走，在他看来这违背了和俄国同行约定好的对学术领地的分配。俄国科学院在克莱门茨那次成功的旅行后，多年以来都未能再次派出考察队，圣彼得堡的学者们便将吐鲁番至哈密地区作为考察地让渡给了格伦威德尔。他们为此承诺，将库车地区为俄国学者保留着。勒柯克特别担心重要的物件和写本被拿走，便敦促着执行约定。因为在他看来俄国人并没有守约，他后来也就同样有权在库车地区自由地进行考古工作。虽然有此分歧，他与科哈诺夫斯基还是建立了友谊。

在乌鲁木齐，勒柯克于这次旅行中首次欣赏到大量中式的建筑。虽然他和格伦威德尔一样中文不好，却赞赏中国的文化以及在其熏陶下中国高官们的行为修养。他在第一次被隆重邀请至中国巡抚在乌鲁木齐的官府衙门之后，描述了让他印象深刻的清朝官员们礼数周到的举止。特别是参加正式会面时所穿的华丽长袍吸引了他：

111 | 与吐鲁番绿洲其他地方一样，很多哈拉和卓的妇女都毫不害羞地让人拍照。她们通常非常自信，比如也会去参加村里的节庆活动。萨乌特的女儿茱维达在被丈夫暴力对待后，一直和她的孩子住在父母家中。

首次的会面有考究的仪典，出席的人都身着华服且举止庄重，将古老中国的文化带到了触手可及的眼前，给我留下了深刻印象。（HS：34及下页）

后来，他于1913年最后一次考察期间，从中国新生政权代表们简朴了许多的露面中，看出了这个国家的困境。

勒柯克在乌鲁木齐观察到大量的中国军队，并且认为由于沙皇俄国在日俄战争中陷入了巨大困境，他们可能会进军俄国。

更让勒柯克惊讶的是，相对俄国领事们独断专行的态度及不断扩充军队的行为，中国政权机构令人惊奇的克制。俄国人明显的任意妄为刺激到了勒柯克。沙俄的官员与军人们多年来都在要求“权力”，他们强行对当地的民众和中国管理机构所实施的，都使他们成为新疆部分区域的实际主人。格伦威德尔和勒柯克通过圣彼得堡的学者介绍，作为受俄国外交部庇护的人前往游历，他们从中受益并且欣然接受了领事们的帮助与接待。但勒柯克在他的文章中，除了对所有单独的个人深表尊重之外，却没有放过任何机会对俄国人的态度进行批判。他在乌鲁木齐也这样公开谴责了俄国领事的专横态度：

俄国人在乌鲁木齐没做任何安抚中国人的事。相反，领事出行总是坐在四轮敞篷马车中，前后各有20个哥萨克士兵随行；途中朝他们走来的人们，如果没有赶快闪到一旁的话，就会被鞭子毫不留情地往脸上、肩上连续抽打。我在结识了领事之后，曾委婉劝诫，而我得到的答复是：我不知道应当怎么对付这些人。（HS：34页）

1904年11月13日，他们的事情已经办完，便向吐鲁番继续前行。这段路程花费了勒柯克和巴图斯4天时间。和第一次考察的成员一样，他们也利用了商人阿赫洛尔·汗在吐鲁番城北沿的仓库来存放箱子，仅作短暂停留后，就接着上路了。

112 | 当鲁克沁的王爷（郡王）于1904年来哈拉和卓拜访勒柯克与巴图斯时，好奇的人们围在萨乌特院子外的门前。这些外国人到底还是很吃香的，人们也会向他们请求工作机会或者医疗帮助。

他们距哈拉和卓还有30公里。1904年11月18日傍晚，在差不多出行了10周之后，最终抵达哈拉和卓。勒柯克讲述道，当人们认出了巴图斯后，就受到村里人的热情接待。住处是农夫萨乌特家大的家庭住房，已经为他们准备妥当，还有大量的人来访表示问候。

在高昌的工作

现在可以开始工作了！勒柯克因为到了高昌而格外激动，立刻就让巴图斯领着他在遗址里四处游览，还让他将格伦威德尔两年前工作过的那些区域指给自己看。

他的任务是要在高昌寻觅上次勘察中可能忽略了的那些写本的踪迹。除此之外，还应当首先将曾经发现摩尼教画像的紧邻内围墙西南面的遗址（α），以及一处在东北区域的建筑群（T'）和一处在东南面中心位置的大型寺院群（K）再仔细考察一遍。格伦威德尔的目的是对高昌的建筑进行广泛的综合研究，1902年的平面图是他为此进行的重要前期工作。格伦威德尔当然知道，这些夯土建筑糟糕的保存状况，几乎不可能画出精确的平面图。他却还是希望，在这里最终被周围的农民毁坏之前，巴图斯和勒柯克能够合力尽可能多地了解这个历史上充满奇趣的地方。

勒柯克决定好好工作，他希望作为成功的发掘者载誉而归。他学习得很快，但是他不知道，在格伦威德尔到达后，他移交领队资格之前还有多少时间。他努力地将委托给他的任务尽快完成，只为了接下来能够开展自己的研究。

前两个月勒柯克致力于与巴图斯及许多工人一起完成格伦威德尔交代的任务：他们一个遗址接一个遗址地寻觅，却一再地感到失望，因为在倒塌的土墙下面，既没有发现写本，也没有找到其他有关建筑功能或者范围的线索。

在内城墙边的遗址（α）西南面，他们发现了另一道台阶，还有之前未曾见过的拱顶建筑。在东北面的建筑（T'）中，甚至还有壁画保留了下来，所有迹象都表明，它被使用了很长一段时间，并且经历多次改建。

113丨高昌城东部塔庙（μ）的东面曾有一铺涅槃像，而其余各面各有一尊坐佛像。勒柯克在考察时，找到了6米高的围墙。后来这处遗迹被完全拆平了。

然而，激动人心的收获在前几周并未出现。勒柯克在高昌的遗址中没有找到太多遗物，他很难从破碎且经多次翻腾的残垣断壁中推绎出它原本的建筑。可能是格伦威德尔来过以后，遗址的破坏更加严重了，也可能是因为勒柯克对佛教的建筑和艺术并不熟悉。他很快便失去了耐心，特别是当他想到若将时间花在研究其他遗迹上可能会更有收获时。

114 | 佛幡是一种常见的献予寺院的贡品。头戴花冠的观音可能属于一幅净土图像，这幅10世纪的绢画残片是在城市西南角的大型殿堂v'中发现的。

勒柯克知道，那些在国内急切地想要出发，并且请他担任预备考察领队的同事们，最期待的是还能找到摩尼教的写本。柏林的人们期盼能继续补充那些被格伦威德尔找到的和这个宗教相关的材料，除此以外摩尼教在当时几乎仅存于埃及文献中，他因此承受着必须成功的巨大压力。巴图斯回忆起当时在高昌发现文书残卷的地点，而那里如今只剩下少许“纸张”的碎片。虽然发现有一些精美的绘画，却仍不能令勒柯克安心，他给柏林的语言学家写的信中几乎丧失了信心。

当他们于1905年1月12日在遗址（K）中发现了一些摩尼教写本残卷时，勒柯克心里踏实一些了，但还是写信让人不要抱过高的期望。他于1月20日给格伦威德尔这样写道：

在大约两个多月的辛勤工作后，如今我开始让人进行发掘，我们和一队非常强壮的工人一起工作，总体结果和第一次考察相比却不尽人意。虽然我们也找到一些好东西，但除了一幅较大的摩尼教徒头像壁画，完全没有什么想要的东西出现，写本的收获相比之前来说也很少。（TA：1081）

在遗址（K）中的工作却让勒柯克深受鼓舞，他还花了些时间在自己的研究上。他和巴图斯终于证实了，这处建筑群在成为佛教场所之前，是被摩尼教使用的。他们找到许多幡画残片以及一部分有大量插图的摩尼教书页残卷，还有一本带摩尼教“忏悔文”的小册子，以及摩尼教的壁画，上面有身着白衣的“选民”。今天看来，在这些保留了摩尼教“寺院”遗存的遗址（K）中的所获之物，对理解这个宗教作出了重要的贡献。

115 | 来自高昌中心的石质供养塔，上面有过去佛、未来佛和菩萨的图像，还有佛经以及道教的卦象，被认定为5世纪的物品。

勒柯克很快认为已经透彻了解了这些建筑群的残垣断壁，而不应该继续把时间耗在高昌了，于是便信心满满地去了附近更多的地方。但至少到3月底，他们还在这里持续工作，最后的地点是在格伦威德尔考察过的大型寺院（β）中。目前这座寺院已经由中国的考古学家部分修复了。除此以外，他们还在这座寺院城外的遗址群工作过，当时那里还有高墙耸立，如今都已看不到了。特别令人惋惜的是，有一躯巨大的弥留之际卧在灵床上的佛像（涅槃像）的寺院完全消失了。而它曾经存在过的地方，至今还一直用于农业生产。

我们必须认识到，考古学在20世纪初没有像今天一样发达。比如说那时还没有对考古学者的专业培训。每个人都试图用自己的方法获取更多的信息。同样，在那时候也没有普及以日记形式对发掘工作进行仔细记录。勒柯克的记录没有留下来，因而我们今天无法得知这几个月的工作过程。那些于1904年绘制的平面图和草图很可能比如今保留下来的要多。但是可以确定，勒柯克并没有像格伦威德尔那样重视对那些残垣断壁的记录。他并没有把自己当作专业研究建筑的人，而是为学术研究以及家乡柏林的博物馆征集资料的供应者。

他于1926年出版的《新疆的地下文化宝藏》一书也表现出这样的态度。如标题中已经点出[1]，这部备受期待的书是一份主观的经历记录，一部值得一读的时代文献，但它还是缺少科学的严谨。这本在考察结束十余年后完成的著作，与两年后出版的关于第四次考察的《中国新疆的土地和人民》一样，为参观1927至1928年间新开放的博物馆展厅的来访者讲述了一些关于"吐鲁番收藏品"的来历以及那些极为艰苦的收集工作。

巴图斯承担了大部分的考古工作。勒柯克负责拍照、记录文物并给工人发放薪酬，他也和巴图斯一起绘制平面图，这些图在

[1] 原书标题直译为《在新疆寻找希腊的遗踪》。

他1913年出版的《高昌》一书中发表了一部分。除此以外，还有完全以另一种方式等待着他的任务：

工作时间从太阳升起开始，常常是早上4点以前，直到晚上7点。然后要付给工人工钱、登记收获之物、打包、记录开支、写信，再简单吃点面包当晚餐。在这之后，院子里就会不幸地挤满了远道而来的病人，他们希望这些外国先生们能消除他们的痛苦。我们看到的通常都是风湿和疟疾，由于奎宁和水杨酸膏的神奇药效，访客越来越多，由此也造成极大的困扰。碰到治不好的病人，是令人悲伤的事。他们只能带着无副作用的、至少烘炙过的药材离开。（HS：50页）

对此而言，据说勒柯克在美国攻读过的医学课程，就变得十分有用了。他晚上学习当地的突厥语系方言，很快便掌握得够好，足以用于他骑马下乡收集传说和歌词时的交流。

他们从柏林带来了一台哥伦比亚唱机公司的留声机，用来录制歌曲以及诵读的《可兰经》。勒柯克在书中生动地描述了如何将鲁克沁王爷的女歌者带来对着话筒演唱。可惜他后来禁不住一再尝试，为给访客助兴而反复播放这些圆筒唱片，以致现在即使用最先进的技术，也只能听到刮痕造成的杂音了。

中亚的摩尼教

摩尼教的文化被证实在公元1千纪末期存在于塔里木地区，1903年从柏林发出的这一轰动消息，传遍了欧洲的学术界。3世纪由巴比伦人摩尼创立的，严格二元论的天启宗教，融合了古伊朗、犹太教、基督教、诺斯底教以及印度佛教的元素。它在8世纪被回鹘的可汗尊为国教，随着回鹘人的西迁进入吐鲁番地区后，直至11世纪还被继续推广。这里为摩尼教徒的精神精英"选民"（中选者）建立了大量的寺院，而他们的开销与此宗教一样由国家税收负担。后来，这些建筑经常被佛教徒改建，并作为礼拜场所使用。在墙壁以及壁面装饰之后，偶有早期的壁画及写本残卷和幡画的残片保留下来。

在摩尼教的教义中，世界可追溯回两个原则：一个是精神上的，光明的；而另一个是物质上的，黑暗的。所有的一切，都可追溯回这两种元素的融合。人类存在的目的是逐步地解放光明并使灵魂回归明界。如每次都选择了光明的可能并且遵循了摩尼的忠告，便能成熟起来，进入一个更高的境界。严格的素食主义，并且偏爱需要很多光来生长的植物，是一种修行方式，另外则是在所有层面上的节制以及遵循仪式。有谁帮助人们解放光明，自己也会被解放。摩尼教的团体中，有住在寺院中并且严格遵守摩尼教义的"选民"，也有在这条道路上为他们服务，自己却还在继续世俗生活的"听者"。敬奉与服务是自身修行之路的阶梯。

摩尼教自创始就接纳其他宗教的元素进入其教义中，力求建立一个有决定意义的、广施仁慈的宗教解释模式。在其写本和绘画中，便有了印度教的神，而基督与佛也出现在他的教法之中。

116 | 勒柯克于1906年在和阗被当地官员接待时，经历了一次依照古老风俗精心准备的欢迎仪式。几年之后，当地的中国政府代表已经不穿这样精美的丝质长袍了。

周边地区的短期游历：奇康淖尔、胜金口和吐峪沟

鲁克沁镇位于距哈拉和卓约20公里处鲁克沁河畔的一片绿洲中，东面与吐峪沟河谷相连。这里曾有吐鲁番地区统治者——鲁克沁郡王的王府。在吐鲁番，如今还能参观当地维吾尔族首领额敏和卓的清真寺，其后代却早已被剥夺了权力，在1905年仅仅是个税务督查了。而他仍是一位德高望重之人，还会筹办当地的节庆活动。勒柯克于12月初与巴图斯一道受邀参加鲁克沁的新年庆典，经历高官们仪式性的列队接见之后，他们享用了丰盛的

117 | 1904年，德国人作为鲁克沁王爷的客人，坐在摔跤场边的帐篷里喝茶，而鲁克沁镇的男人们都入迷地看着比赛。

餐食，接下来还有当地的乐人在私宅中举行的歌舞演出。

几个月之后，德国人出席了另一次地道的蒙古族庆典中的赛马和摔跤比赛。作为郡王的贵宾，他们坐在提供茶水和点心的帐篷中，看着人们如何为他们喜爱的参赛者加油。

自2月初，勒柯克便骑马去往周边地区，一次是单独行动，另一次与巴图斯和哈拉和卓的水官米拉普一道。在一次出游中，勒柯克发现了木头沟河岸一个小山谷中的奇康淖尔佛教遗址。

118｜哈拉和卓的米拉普买买斯提，1902年时就被格伦威德尔聘为向导及工头。作为当地水利系统多年的看守人，他对当地情况知之甚多，因而能给德国人有价值的建议，并负责联络。勒柯克称其为他的仆人，喜欢在骑马出游时让其随行。

奇康淖尔的遗址源自建于湖畔的佛教寺院，这个湖在夏天才会灌满水，其他时候都是湿地。此外，邻近的一座山谷中还有两处石窟群。勒柯克于1905年2月7日和8日，与巴图斯一起在奇康淖尔工作。他们绘制了湖边及两个岛上最重要的遗址的平面图，而后专注于两处石窟群中较大的一处。在六个洞窟中的一个，他们发现了壁画的残迹，并将其一一揭取下来。石窟前狭窄的平台上，有一处独立的建筑，而小山丘的上面有三座窣堵坡的遗迹。格伦威德尔与巴图斯于1906年11月两次短暂造访此地，他分析了绘画的风格，认为这里有柏孜克里克和吐峪沟早期的特征，并以此为据将其年代大致定在8世纪。

1905年2月20日至3月初，勒柯克与巴图斯在胜金口的山谷中开展工作。格伦威德尔于1903年2月便在此停留了很长时间并找到了大量写本。巴图斯如今主要专注于大量独立的地面建筑，特别是7号殿堂，他为它专门绘制了一幅平面图。而勒柯克受格伦威德尔委托，继续寻找写本残卷。他们很幸运地在9号和10号殿堂遗址中找到两处大的窖藏。特别是有关未来佛弥勒的《弥勒下生经》回鹘文手写经页，充实了柏林古突厥语文书的收藏。勒柯克从一位农妇手中购买了她在河右岸挖出的摩尼教的写本。此外他们还找到了一些造像残块和壁画，运气似乎渐渐地变好了，越临近在高昌停留的最后期限，勒柯克越有了信心。

1905年2月，当巴图斯还在胜金口工作时，勒柯克继续往吐峪沟去了，他在那里住在村中七圣人清真寺的伊玛目家并研究着

119 | 1905年1月，奇康淖尔（湖）结冰了，便容易到达岛上的寺院了。

沿河的遗址。巴图斯随后于1905年3月初到达。

七圣人传说是从中东地区流传开来的，并且和圣地有关，既见于基督教文献，又出现在伊斯兰文献中。七圣人是指七位因信仰而遭受迫害的年轻男子，逃亡到了一个洞窟中，上帝保护他们在那里沉睡了几百年。许多与七圣人关联起来的洞窟成为圣地，吐峪沟同样也有。格伦威德尔于1906年（Grünwedel 1906：5页）写道，一位来自鲁克沁的男人告诉了他圣地清真寺附近的传说。他还是认为，这些建筑曾为佛教圣地，主要与悲世悯人救苦救难的观世音菩萨有关。时至今日，清真寺与洞窟还被视作圣地，仅供穆斯林的男人们前来朝拜。以前，清真寺也是麻扎，也就是曾作为鲁克沁郡王陵寝的清真寺。

佛教建筑的残迹从村子的尽头往上延伸到了吐峪沟溪流狭窄的河谷中，其中一部分看起来如鸟巢般悬在陡峭的岩壁上。有带土坯窟前建筑的石窟、寺院建筑以及大量的窣堵坡。格伦威德尔于1902至1903年间没有在此处做长期研究，而勒柯克于1905年2、3月接着在这里开展了工作。不过当勒柯克在溪流左岸高处发现了一个看起来废弃已久的房间时，他很快停止了考古分析。在这个带有壁炉和禅床的寺院房间里，他找到了大量不同时期的写本残卷。此房上面还有三间房屋，其中之一估计曾经当作图书室使用，因为这里也发现了书页残卷。对这处建筑群的研究耽搁

120 | 在奇康淖尔唯一一个有壁画装饰的石窟中，勒柯克让人将穹顶灰泥层上的飞天伎乐图像揭了下来。

了勒柯克对周围礼拜窟中壁画的深入勘察。这再次表明，勒柯克在他第一次考察的前几个月中，将文书放在了绝对的首要位置。

在柏孜克里克工作

与德国的书信联系在这几个月中经常中断。巴图斯和勒柯克不知道，格伦威德尔在他们之后，是否并且何时来到中亚，这给他们的计划造成了困难。勒柯克作为预备考察的领队只有部分行动权力，在约定的工作计划之外，如果自作主张，也担心会受到格伦威德尔的批评。他奉命将柏孜克里克尊敬地视为领导格伦威德尔的领地，而领导希望在取走任何材料之前，先研究并确定每个洞窟的图像规划，勒柯克因此没有先去柏孜克里克。

但1905年3月高昌的灌溉期开始时，此地及胜金口和吐峪沟在他看来都只需要进行一次核查了，而格伦威德尔还没有消息传来，勒柯克便去了柏孜克里克。他自1905年3月21日起在那里研究格伦威德尔1903年已经考察过的佛教遗址，并且找到了两处前不久才被当地人揭露出来的甬道，这在第一次考察时一定还被掩埋着，很可能就是今天的第15窟。其上不远处发现了第20窟的墙。勒柯克在这个后部嵌入崖壁的大型石窟建筑中，发现了一处绝大部分还完好无缺的壁画世界。

121 | 原本格伦威德尔只是一时兴起以新艺术风格转绘了七圣人传说。后来，他在为德国东方学会1909年大会制作的日历中，用了这张画作为12月图像。

吐 峪 沟

吐峪沟的山谷坐落在距哈拉和卓东面大约1个小时车程的地方。它的开口向南，具备种植葡萄的适宜气候条件。可能在佛教流传时代即是如此，因为从犍陀罗到新疆，寺院看起来都在葡萄酒酿造上扮演了重要角色。同样地，葡萄酒壶和葡萄藤在许多地方的佛教艺术中都有表现。

格伦威德尔在1903年第一次考察的总结报告中描述了此处：

> 从哈拉和卓沿着自狭窄山沟中流出的吐峪沟河往东行约3—4小时便来到这里。地邻溪流，稍向平原延伸，风景如画又清净。这里常见的是带有前廊、露台和门前台阶的平房，葡萄阴房很是引人注目。这些是完全无顶的房屋——墙体上半部分的每两块砖之间便有一个穿孔，这些孔中挂上了带葡萄的藤蔓，显然是一种古老的、可追溯至佛教时期的方法。在吐峪沟麻扎所依傍的山上，许多佛教石窟寺建在极为陡峭的高处，整体是由吐峪沟河东西两岸的两处石窟群组成。其中大多数石窟毁坏严重，部分仅存佛像壁画残迹。而那些最有意思的东西，曾在吐峪沟麻扎长时间停留过的克莱门茨先生已经详尽阐述过了。由此我决定放弃在吐峪沟麻扎进行深入工作，而更愿把可用的时间花在胜金口。（TA：348起）

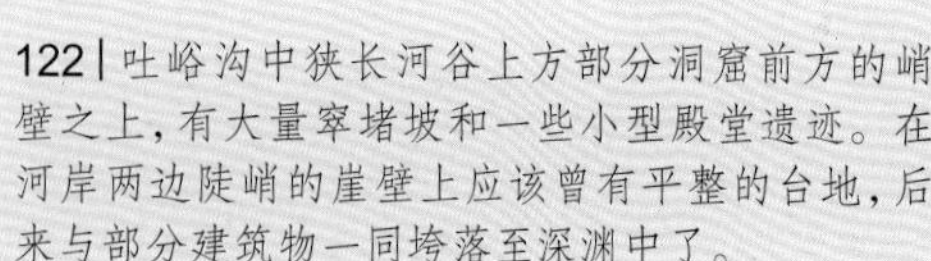

122 | 吐峪沟中狭长河谷上方部分洞窟前方的峭壁之上，有大量窣堵坡和一些小型殿堂遗迹。在河岸两边陡峭的崖壁上应该曾有平整的台地，后来与部分建筑物一同垮落至深渊中了。

123 | 这座位于吐峪沟河右岸的窣堵坡在插图122中可以看到。人们在一面半高墙后的小院中发现了它。如今已不复存在，中方前些年在这里发掘出了一些有意思的物件。

124 | 带插图的回鹘文《十王经》描绘了地狱场景，其内容应该是引人向善的。这件残卷于1904年在吐峪沟左岸的一座石窟寺的“藏经洞”中被发现。

125 | 一处前房后窟的石窟寺院位于吐峪沟溪流右岸上方的宽阔平台上，土坯建筑饱受风蚀与地震破坏。

126 | 如今七圣人窟前修建的清真寺仍被围墙环绕着。七位年轻男子为了不违背神的意旨，在此处沉睡了三百多年。这个洞窟的照片是少数彩色底片之一。

127 | 如今在这些晾房中，葡萄仍被层层悬挂着。它们经热风干燥成为甜蜜的葡萄干，销往全国。

128 | 七圣人圣地位于吐峪沟村庄上方高处的一处岩体上。

奇康淖尔

佛教的僧侣和居士在博格达山前的丘陵地带为他们的寺院和石窟找到了一处宁静安逸的隐居之所。平缓的山丘邻接着一处绿洲，绿洲环绕着的小平湖（奇康淖尔）中有两座岛屿。岛上和湖边都有大量的建筑。一些窣堵坡和寺院在1904年勒柯克与1906年格伦威德尔造访时还能见到，然而随季节变化的水平面持续破坏了墙体。距离这些建筑不远处，湖西南面的山中发现了两处临溪的石窟群。与木头沟II区一样，右岸由六个洞窟组成的遗址前方平台上带有独立的建筑。西北面的礼拜窟中有格状彩绘的券顶（插图222），表明6世纪可能便有僧侣在这里生活。

129 | 来自石窟门道上方圆拱形壁面的这幅壁画，描述了弥勒菩萨在天人环绕的兜率天中的场景，中间部分身光中的坐像已不存。

130 | 位于沼泽湖岸边的废墟如今保存状况与勒柯克到访时相差无几，还有一座堤坝保护着。但是岛屿以及上面的寺院都已经消失了。

131 | 曾有大量土坯制的带窣堵坡的寺院及殿堂立于湖畔。其中还发现了一些小型泥塑残块。我们无法得知，这些寺院在此处被使用了多久。

勒柯克与柏孜克里克壁画

对柏孜克里克壁画令人惊叹的发现及其揭取过程，勒柯克在信件、总结报告及《高昌》和《新疆的地下文化宝藏》中，表述得明显不同。在致柏林研究人员的信中，他多次强调，这个洞窟不是自己发现的，并且几乎是被迫为了拯救文化而让人割下壁画，在此期间因生病完全不在场。他讲述道，自格伦威德尔1903年造访之后，石窟壁画的破坏和坍塌加剧了，此外还有另一个没有深入记录过的石窟，他为格伦威德尔保留着而未开展任何工作。在完成这次旅行之后的报告中，他还强调了揭取壁画时的小心翼翼以及这些壁画对博物馆的意义。后来，当他发觉没有人指责他的自作主张时，便在书中利用发现的遗址来自我炫耀，是他将这些文明之杰出成就的艺术作品，从有群狼嗥叫的荒漠，完好地带到了柏林博物馆进而发挥其真正的价值。

当地人因为无知或是为追求利益而不去保护自己的文物，这样的观点主要源自勒柯克在高昌的经历。那里邻近居民区，事实上直到现代都还有墙体被破坏。鉴于山中那些寺院的偏僻，格伦威德尔和勒柯克都没有说到这类情况。这里的主要威胁是塌方，偶有蓄意的破坏或盗宝者。

如今勒柯克本可停止研究，等待他的领导格伦威德尔的到来。但是在他看来那样风险太大，他知道找到宝物的消息很快会传开。如果不赶紧在这个明显长久以来未被打开过的石窟中做工作，其他人就会来挖掘。为了能把写本和祭品保护起来，让盗宝者找不到什么感兴趣的东西，至少要将那些甬道中的沙子清理掉。

但是当一排巨幅壁画呈现在他们面前时，这样的诱惑太大了：将所有壁画带走，在柏林完整呈现给惊叹不已的观众和整个学术界，这是符合勒柯克性情的选择。就在一年之前，当博物馆的人还在犹豫，是否收购一批有名的雕塑收藏时，勒柯克却早已用自己的财产为安全运输做了担保（虽然犹豫的原因并非是经济上的）。如今，他同样不领薪水还自负风险上路。勒柯克不是优柔寡断之人。如果有什么是可行的，并有利于一个好的目标，那便必须去做。在他看来，没有任何事情比得上为科学研究提供材料以及为博物馆提供宝物。

因此在接下来的数天里，他让人将150平方米色彩最为绚丽的壁画揭下并打包。这座带有4平方米大的内殿（内部的圣地）以及超过4米高礼拜道的石窟，曾用以祭拜观世音菩萨。内殿中还保留有约1米高的关于在世界海中间的观音净土壁画及其他神异事迹场景。身着各类服饰的僧侣和供养人在甬道中迎接着来访者们。尤其是超过真人大小的、被不同发型及服饰的追随者和供养者环绕着的誓愿佛图像，将于1926年起在柏林博物馆作为文化多元的丝绸之路及佛教文化的证据而存在。遗憾的是，这幅部分高达3.3米的罕见图像，被二战中的烈火和消防用水无可挽回地毁掉了，仅余下少量残片。

巴图斯在南面平台的一个洞窟中扎营，日间将壁画分成小块从墙上割下。勒柯克因感染了风寒，还被马踢伤了，疼痛难忍，遂在此期间回到了哈拉和卓。自4月16日起，他在写往柏林的信中报告了在柏孜克里克的发现，并试图向柏林的同事们辩解他的行动：

> 我们在木头沟非常倒霉，格伦威德尔在那里见过的那些洞窟被彻底毁了。我们将风沙掩埋的一个洞窟后部的甬道完全打开了（第45窟？）。因为我之前通过一个洞钻了进去，发现了一些完全没有被动过的壁画，便猜想这里应该也会有写本，但是这个愿望破灭了。而一个臭名昭著的叫拉迪尔的盗墓贼将另一个洞窟（第20窟）的类似通道挖了出来，露出了里面就像昨天才绘制的全部壁画，还带有婆罗米文的题记。我在这里经历了激烈的思想斗争，因为格伦威德尔教授本打算亲自研究木头沟——然而其他洞窟的命运，那些精美绝伦保存得极好的壁画，如今的情况是，我们不巧与木头沟山谷的命运联系在了一起。没有电报传递来消息，无法得知第二批考察队员是否到来，我最终决定着手调查这个洞窟。另一个洞窟中有许多壁画被毁掉了，这样下去，它也会落到掠夺者手里。我因此行动了起来；……我有些无法控制自己要将这些东西带走——不带走才真是不负责任。（TA：1160起）

格伦威德尔如何看待此事，我们不得而知。然而在后来的任何报告或者信件中，都没有出现过对勒柯克的谴责。

132 | 这是来自柏孜克里克第20窟、少数没在战争中被毁掉的壁画残片之一，上面是曾经装饰于内殿门柱上的俱毗罗的托灯者。洞窟中的礼拜道高大而幽深，这种柏孜克里克典型的亮红色壁画，定能在昏暗的光线中制造出神秘的气氛。

133 | 木头沟周边的河谷[1]充满野趣，河湾中零星分布着小片树林，还有一些用于耕作的平地。过去最为惬意的，便是在河谷中一处处地徒步游览。

[1] 图中应为吐峪沟河谷。

柏孜克里克

木头沟河沿岸的佛教遗迹在20世纪初被称为木头沟遗址。有一个木头沟村坐落在河流出口的北部平原处。离那不远的南面丘陵中有两处带有石窟、寺院、窣堵坡及单独的礼拜窟和僧房窟的遗址（木头沟II号和III号区域）。

最重要的遗址是位于一处河湾处的木头沟I号遗址，今天通常被称为柏孜克里克，意为“绘画之地”。从现在修建在山丘顶部的公路上，是看不到木头沟河畔山崖平台上约70处的石窟、寺院建筑和窣堵坡的。原本的入口可能是自河边上来，因为在山里，人们相比道路更喜欢利用蜿蜒河道的岸边。曾有台阶通向山崖上的平台，其下方竖立着大量的土坯建筑，平台被密集的嵌入山崖壁面的建筑所占据。这里有大小不同、时代各异的石窟遗迹。从库车绿洲中常见的还留有部分绘画残迹的小型石窟，到有巨型佛像的大殿以及深入崖壁的中心柱窟，这里囊括了大量各式的礼制性建筑。带穹顶的洞窟中绘有分场景的天宫和邪魔外道的小型图像，还有带泥塑佛像的长段禅窟群可能来自一个较晚的佛教时期。我们可以领略到约900年的时间段内，世人对宗教的理解和艺术成就与佛教寺院生活的关联。这里同样还有摩尼教的痕迹。自9世纪起由回鹘人供养着，摩尼教的“选民”在柏孜克里克居住了上百年，他们的房间展示了独特的图像世界。这个地区后来又被改建过，重新装饰为佛教风格。在新疆大规模地伊斯兰化后，这里还居住着佛教僧侣。北面的平台上有一所可能很长时间都属于这处遗址群的大型寺院，在其更北面，于发掘地的最边缘处发现了埋葬僧人骨灰坛的墓地。

虽然在几次吐鲁番考察之后，出版了大量研究成果，时至今日却仍有许多有关柏孜克里克的疑问无法解释，这只能通过对建筑遗址本身进行科学调查来解决了。

134 | 研究者们在柏孜克里克第18窟中发现了一幅大型壁画，如今被认定为炽盛光佛的图像。炽盛光佛坐于众菩萨中央的宝座上，还有表现其身份、被其光芒所普照的九大行星以及黄道十二宫。

135 | 勒柯克在狭窄的甬道中很难拍照，便只拍了一些局部，其中只有这些保留了下来。这是第20窟（被烧毁）誓愿图左面中间的一片壁画，上面有作为定光佛追随者的金刚力士。

136 | 金刚力士在柏孜克里克经常作为过去佛的追随者出现。人们可以通过多分叉的头冠、胸前的铠甲以及手中的金刚杵将其辨认出来。

137｜一处带穹顶的阿弥陀佛窟（第14窟）内，有壁画和塑像的遗迹保存下来。

138 | 穿过第18窟被破坏了的内殿，可以看到绘有许多佛像的礼拜道内部。通常藏有宝物和写本的内殿及礼拜像会因大规模盗掘而被毁掉，狭窄礼拜道中的壁画却能因飞沙保护而较好地留存下来。

139 | 格伦威德尔和他的队伍于1906年长驻期间，在第16和17窟的前室中居住与工作。

140 | 位于平台一边角落中的那些洞窟（第23—27窟）的窟前土坯建筑几乎完全夷为平地了，而在其北面的一些洞窟的窟前建筑，如第20窟（最右），还有一部分保存得不错。

141 | 北面平台上有柏孜克里克最大的建筑群。带有圆拱门（左面）的围墙之后是第20窟，勒柯克将那里的壁画全部带走了。

布拉依克、阿萨古城和交河故城的短期游历

当巴图斯还在柏孜克里克工作时，在哈拉和卓的人便开始将所获之物打包，准备经俄国运往柏林。4月16日，40个箱子运往塔尔巴哈台。18日，结束柏孜克里克的工作，新的收获全部运回哈拉和卓。除高昌外，勒柯克与巴图斯在接下来的几个月中又去了胜金口、吐峪沟和柏孜克里克，可能还有奇康淖尔寻找写本。按计划，5月中旬会将另外50个装着文物的箱子寄往柏林，这样他们才能去往新的考察地。然而所有的车辆都被用于农垦了，很难租到运输工具。勒柯克为向中国巡抚和俄国领事寻求帮助，并购买相机底片，于6月中旬骑马去了乌鲁木齐。这段时间，巴图斯在布拉依克附近工作，格伦威德尔于1903年5月在吐鲁番停留的最后几天中，曾用了几个钟头考察此地。据巴图斯描述，这个

142 | 一本赞美诗集中，记录了基督教团体节假日的颂词及其说明。这是用从左侧开始书写的叙利亚文字记录的，其年代定为9至10世纪。

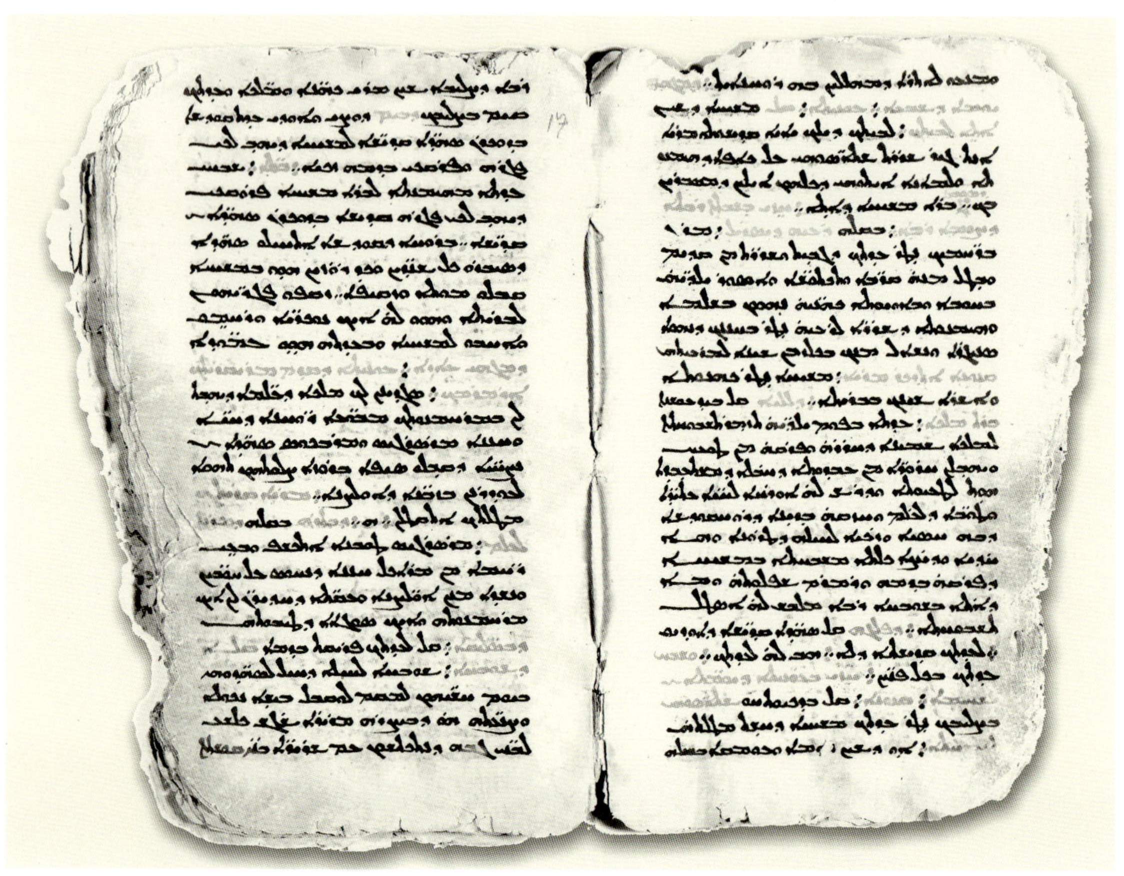

143 | 在距离吐鲁番城不远处的布拉依克的一座小山丘上，巴图斯于1904年在一处基督教修道院遗址中发现了大量基督教的书籍和手写文书的残卷。

地方有望有所发现，而他也确实在布拉依克附近的水盘寺院遗址中找到了写本。

后来证实这些写本包含了基督教旧约中的诗篇及福音书的部分内容，曾在高昌的一处推测是基督教修道院的建筑遗迹中有所发现。据此可知，水盘遗址至少在某一时期从属于基督教，除此之外，这些被判定为“景教”的写本还提供了叙利亚正统教会东渐的罕见证据。有了这些收获，这次考察便能最终被认定为是成功的了。勒柯克因此从格伦威德尔的阴影中解脱了出来，坚持让人将其与格伦威德尔会合之前，即到1905年12月为止的行程不再算作预备考察，而是认定为他做领队的第二次吐鲁番考察。

在确定一个可行的运输方案后，勒柯克因布拉依克的新发现，激动地迅速赶回吐鲁番。6月23日，他几乎和巴图斯同时抵达。他肯定立刻让人指认了写本的发现地，但在他的书信中却没有相关信息。他当即认识到了写本的独特之处，并向柏林的吐鲁番委员会主席语言学家理查德·皮舍尔写信汇报：

144 | 兴高采烈地抬起双臂的群魔有时会在涅槃图像中出现，如这躯来自交河的半身像一般，为佛陀摆脱轮回而开心。

在布拉依克的发掘收获了一些极好的写本，奇特的是，几乎都是叙利亚文的文书。其中出现很多类似十字架的符号，因为我从未涉猎叙利亚文，所以不能确定是否是这种语言，或者这里涉及的是用叙利亚字母书写的另一种语言。因此我寄出照片（四个照片号码）。这很可能是基督教的，而不是摩尼教的……（TA：5791起）

一直都没有格伦威德尔的消息，而勒柯克和巴图斯除了为运走文物做准备，暂时没什么事要做。新的运输公司对箱子尺寸的要求有所不同，许多东西都必须重新装箱，还要拟定新的清单。因为巴图斯不懂当地语言，大多时候只能靠勒柯克。在勒柯克还在忙着装箱时，便让巴图斯带着两个人去了格伦威德尔曾经听说过而且很想去的阿萨古城。据勒柯克所知，那是10公里外的两处遗址点，即所谓的大小阿萨古城。当地人一再跟他们强调，那里是很有希望大有斩获的工作地点。勒柯克大约在两天后到达。这段时间里，吐鲁番周边热得像火炉一般，可以想象，这不是适合在沙漠中骑行的时候。他们在目的地四处大概看了看，并在一座晚期的大窣堵坡旁调查了几间房址，最终因为沙暴和高温几乎一无所获地返回了。勒柯克写信回德国道：

很遗憾我们去阿萨古城的考察失败了，因为后勤供水无法保障，食物、柴火和其他东西也无法弄到。天上没有一丝云朵，热得几乎要死，也没有冷空气临近的预兆。因为难以忍受的辛劳，工人们拒绝继续工作。我们不得不逃离这里，但确实发现有几个洞窟。（TA：1255起）

6月28日，勒柯克又回到了哈拉和卓。在勒柯克不得不继续操心箱子的事情时，巴图斯再次绕道去了吐峪沟。尚缺少的运输许可必须在吐鲁番办理，然后才能启程运走所有东西。

勒柯克与车夫们于7月11日带着9辆车和60个箱子离开哈拉和卓前往乌鲁木齐，并为到塔尔巴哈台这段行程办理有效的运输许可。终于将所有事情办妥，箱子也交运完毕。当勒柯克放下担子一身轻松地回到哈拉和卓的时候，他一定很开心。巴图斯用过去这十天记录了交河以及布拉依克其余的一些遗址，并继续寻找写本。交河位于吐鲁番河谷入口处的高耸峭壁上，他已经多次花几个钟头去考察了。如今他能再仔细一点地四处看看，并打算将对此地的精确研究列入第三次考察的框架内。

巴图斯在交河找到了新的工作，当地人告诉了我这个地方。我们便把钱藏在了哈拉和卓，然后在吐鲁番分道扬镳。巴图斯在交河没找到什么，就去了库鲁特喀附近的布拉依克再碰碰运气，但还是一无所获；如果想在这里再找出什么东西的话，其他先生们（当然是俄国人）要更努力了。（TA：5799）

7月22日，勒柯克和巴图斯再次在哈拉和卓汇合。格伦威德尔的消息终于送达，他声称真的要来了，而且会马上出发。7月24日，勒柯克激动地回复了这封等候已久的信，还附上一份他和巴图斯急需的德国物品的“心愿单”，上面写了工作服、弹药、口嚼烟草及咖啡。

虽然他们现在不知道，还有多少时间留给自己的计划，也不清楚格伦威德尔会带来多少钱，但他们行动的自由度的确因此受到了限制。勒柯克在手头紧时还向当地债主借了钱。长久以来，哈密（维语：昆莫）是他们屡屡声称值得一去的目的地——去往中原腹地的古道上有许多古老的定居点，在哈密甚至还曾发现过一些摩尼教的写本。

丝绸之路上的基督教寺院

德国人在吐鲁番地区的发掘，除了发现佛教和摩尼教的寺院，还证实了一些基督教的修道院。在吐鲁番北部，天山山麓丘陵地带的吐峪沟的一个洞窟中，柏林的考古学家们搜寻到了基督教的文书残卷，而在寺院城高昌东面的一处遗址中，他们甚至发现了可能是基督教壁画的残迹。单次最大规模的寻获写本是在布拉依克的水盘，在那里找到了基督教修道院图书室的部分残迹。保存下来了一些由叙利亚文译为粟特文的基督教福音书和教堂文书的写本残卷，一件中古波斯语的旧约诗篇残卷以及古突厥语的基督教文献残片。在吐鲁番地区的遗址中总共发现了超过1 000件叙利亚文、粟特文、中古波斯文、新波斯文以及古突厥文的文书残卷，除些许例外皆可判定存在时间为9至12世纪。它们证实了在西州回鹘王国时期，基督教会组织在吐鲁番地区的存在。

这些在吐鲁番生活的基督教会成员，从属流行于波斯萨珊王朝的使用叙利亚语的景教，是所谓“东方教会”的分支。7世纪阿拉伯势力扩张后，他们四处寻求新的居所。635年，唐太宗允许他们定居中国北方，直到14世纪那里都有基督教会存在。而吐鲁番地区的基督教传教士来自何处尚不清楚。他们可能直接通过丝绸之路来自曾属萨珊王朝、今土库曼斯坦境内的梅尔夫，那里曾是“东方教会”的中心之一，而自中国北方或者蒙古地区迁徙来也是有可能的。因为发现最早的基督教写本年代，差不多与西州回鹘王国在吐鲁番地区建立的时间相符，可能回鹘人于840年被来自蒙古高原的黠戛斯人驱逐后，这些基督教传教士便随着回鹘的迁徙来到这里。

交　河

雅尔乃兹沟两条干涸的支流之间，耸立着一处30米高的台地，这里至少自西汉（公元前108年）起便是当地统治者的驻地。除了唐初640至658年短短十几年，汉人当权者更喜欢将40公里外的高昌作为西部辖区的治所及驻军地。

可能自西方纪元开始，交河便有佛教团体的一些建筑。直至14世纪，在诸多回鹘可汗中更替的当权者们一再利用了交河这处战略要地。

主要在台地的北面和东面发现的佛教遗址推测均为回鹘时期所建。西南区域内还耸立着的许多夯土建筑，现今认为是民居和官署所在。

克莱门茨于1898年冬季到访交河，主要考察了遗址中心的大型寺院及北面的百塔寺。

145 | 交河的百塔寺与高昌的寺院P类似。这里同样也有四座小塔围绕着中间一座大塔，它们上面的槽孔表明曾有木质顶棚的存在。在其周围还能见到许多塔基，并有成组的小塔立在上面。如今只有中心建筑的底部存在了。

146 | 在交河发现的这件躺着的邪魔泥塑以及那个嵌入墙体的陶质邪魔头像，柏林的考古学者没有作详细的说明。可能曾有天王立在邪魔身上。

147 | 佛幡上绘有表现为礼敬佛陀姿态的观世音菩萨。这样的幡用以装饰寺院。

148 | 少数早期拍摄的“悬崖上的城市”（交河）的照片之一，展示了一条主道自一座大型寺院的前院起，向东南延伸，穿越了整个遗址群。

149 | 1906年，在这处大型寺院庭院中央的窣堵坡上的像龛中，保存了比如今更多的佛像残迹。

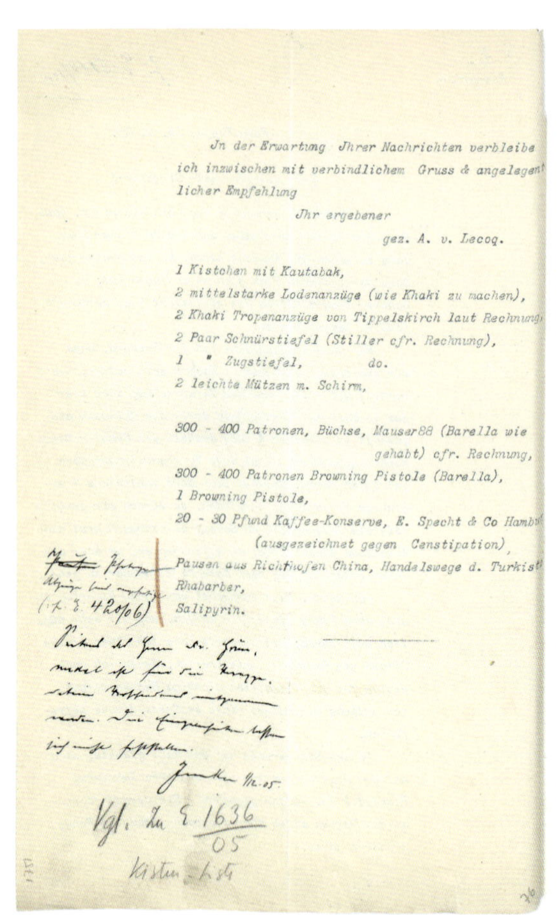

Jn der Erwartung Jhrer Nachrichten verbleibe ich inzwischen mit verbindlichem Gruss & angelegentlicher Empfehlung

Jhr ergebener

gez. A. v. Lecoq.

1 Kistchen mit Kautabak,
2 mittelstarke Lodenanzüge (wie Khaki zu machen),
2 Khaki Tropenanzüge von Tippelskirch laut Rechnung,
2 Paar Schnürstiefel (Stiller cfr. Rechnung),
1 " Zugstiefel, do.
2 leichte Mützen m. Schirm,

300 - 400 Patronen, Büchse, Mauser88 (Barella wie gehabt) cfr. Rechnung,
300 - 400 Patronen Browning Pistole (Barella),
1 Browning Pistole,
20 - 30 Pfund Kaffee-Konserve, E. Specht & Co Hamburg (ausgezeichnet gegen Censtipation),
Pausen aus Richthofen China, Handelswege d. Turkistan,
Rhabarber,
Salipyrin.

Vgl. zu E. 1636/05

150 | 1905年，当格伦威德尔写信通知勒柯克，他随后便会动身之后，勒柯克往柏林寄了一张“心愿单”，主要包含衣物和武器。后来他还要了胶卷、化学药剂以及药物。

151 | 柏林人于1905年在库木吐喇第69窟中，拍摄的几长行古代朝圣者用印度的婆罗米文在当地的变体所书写的铭文。巴图斯于1913年为它做了石膏翻模。

在哈密错失的机会

哈密是行至甘肃边界前的最后一座绿洲城市。它位于通往中原腹地、蒙古以及塔里木盆地各条商路的重要交汇处。那里的夏季比吐鲁番地区要凉爽些，因此这两个德国人便从超过40度的酷暑中逃奔到了那里，这意味着要骑马行走12天。他们大多夜间骑行，沿路考察了许多遗址。鲁克沁王和他的岳父昆莫王为他们安排了食宿，这让他们的旅途轻松不少。在昆莫，他们是当地首领的客人，参观了昆莫王侯们的陵墓建筑以及建于18世纪带有木雕柱和绿色琉璃瓦的陵墓清真寺。沙木胡索特允许他们住在25公里外庙尔沟的昆莫王夏季行宫并考察那个地区以及附近山丘上的遗址。他们希望能在那里找到摩尼教的写本，但是一无所获。况且也不能在此久留，因为8月20日他们收到了柏林文化部行政专员艾尔斯贝格尔的电报通知，格伦威德尔将于10月抵达喀什噶尔，他们需在那里等候。去往喀什噶尔的旅程需要40天，他们还打算在路途中考察一些地方，因而时间异常紧迫。他们很快便离开了哈密，踏上归途。

152丨勒柯克以及后来的格伦威德尔作为客人，分别在昆莫王庙尔沟的夏宫中住过几天。它位于一堵围墙后的花园中，里面有三处佛教的穹顶殿堂遗址。

后来勒柯克曾在书中抱怨，由于这封电报的缘故，使他不能在1905年——先于斯坦因两年发现敦煌“藏经洞”。勒柯克声称当年夏天就听说了敦煌有一个藏有文书的洞窟，并且还掷硬币来决定是前往那里还是服从要求立刻启程去喀什噶尔，然而如他在书中所说，命运站在了他的对立面。

那时，总有一些流言传到经济实力雄厚的外国人耳朵里，诸如数量惊人的写本。如果勒柯克说，他不知道这次是否又是一次误传，那这还是可信的。相反，依照勒柯克的性格，更有可能是他完全不知道写本的情况。否则他绝不会放过这样的机会。勒柯克就因为传闻中的摩尼教文书去过阿萨古城和哈密。为了在沙漠中被遗弃的地方寻找“纸片”，他于1906年从库车出发，连续数日游历调查。他为寻找写本，迅速搜遍了广阔的遗址群，甚至无视命令，就

153 | 斯坦因在印度，约1890年。

154 | 1905年前后，勒柯克（右）与巴图斯（中）以及马继业（左）在喀什噶尔英国领事馆的花园中。

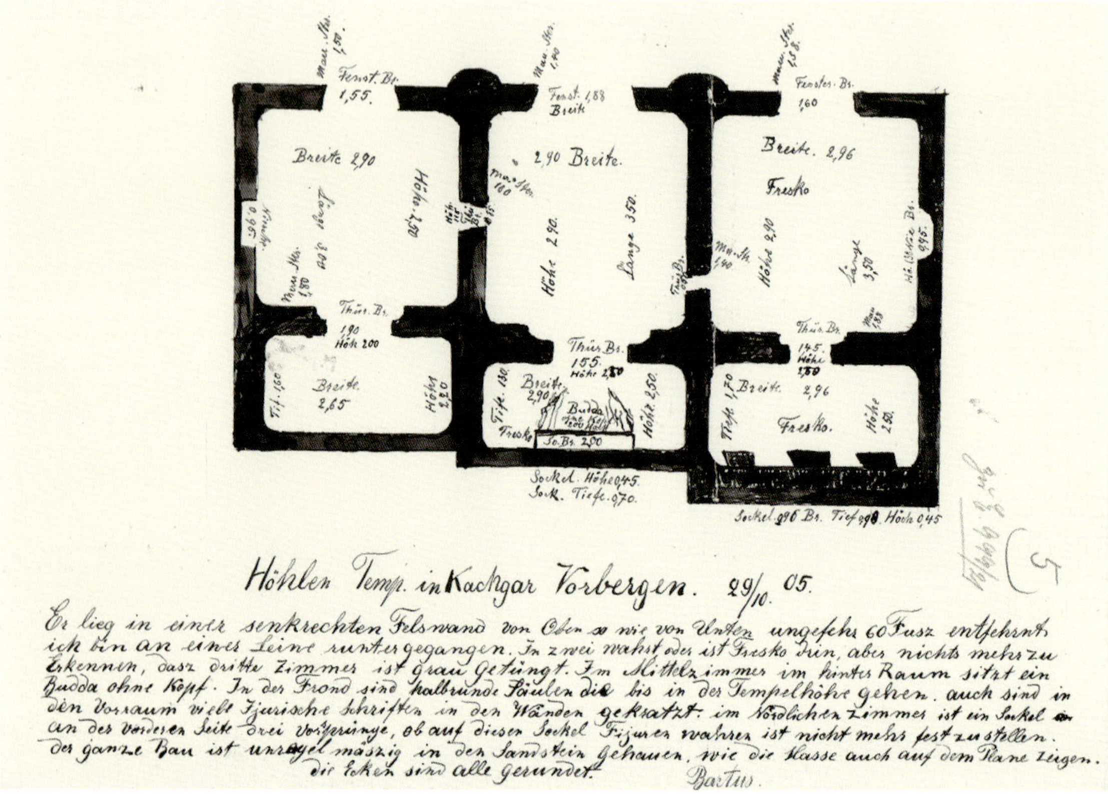

Höhlen Temp. in Kachgar Vorbergen. 29/10. 05.

Er lieg in einer senkrechten Felswand von Oben so wie von Unten ungefehr 60 Fusz entfehrnt. ick bin an einer Leine runtergegangen. In zwei wahrst oder ist Fresko drin, aber nichts mehr zu Erkennen, dasz dritte Zimmer ist grau Getüngt. Im Mittelzimmer im hinter Raum sitzt ein Budda ohne Kopf. In der Frond sind halbrunde Säulen die bis in der Tempelhöhe gehen. auch sind in den Vorraum viele Fjurische Schriften in den Wänden gekratzt. im Nördlichen Zimmer ist ein Sockel an der vorderen Seite drei Vorsprünge, ob auf dieser Sockel Fijuren wahren ist nicht mehr fest zu stellen. der ganze Bau ist unregelmässig in den Sandstein Gehauen, wie die Masse auch auf dem Plane zeigen. die Ecken sind alle gerundet.

Bartus.

155 | 巴图斯登山到达玉曲布尔汗圣地后，绘制了一张平面图并注明了他的观察。

像在柏孜克里克割下第20窟的壁画一样。这些年，勒柯克自视为成功的猎宝者，如果他看到了微乎其微的有获取大量写本的可能——即便为此必须花上34天往返，他也会无所顾忌地让格伦威德尔等着。缺钱同样不能阻止他，他向喀什噶尔的英国代表马继业、昆莫王以及中国政府都借过钱。如今大部分在伦敦和巴黎保存的数量惊人的佛教藏书没能来到柏林，他都将责任归咎于那份电报，他的意见可看作是绝望的尝试，作为只差一步便可成为发现者的人来分享发现者的荣耀。

8月30日，勒柯克和巴图斯回到哈拉和卓，退掉了那里的住所后，于9月3日启程，途经托克逊、库尔勒和喀喇沙尔前往库车。他们想为博物馆采集一块巴图斯于1903年在库木吐喇发现的刻有铭文的壁面。在库车绿洲中停留的四天里，他们参观了库木吐喇和克孜尔尕哈。如信中所说，那块壁面是库木吐喇遗址北端第69窟中一长段婆罗米文的铭文。但是勒柯克最终决定不把它凿下来，只是拍了照片。

斯坦因——荒漠中的全才

原籍匈牙利的斯坦因（1862—1943年）对新疆的兴趣主要在于这一地区古老的朝圣之路与商道。吸引他的是玄奘的游历，7世纪从当时的都城长安，步行途经丝路北道的一些地区及犍陀罗到达印度，去那里探访释迦牟尼的遗踪，之后经罕萨和丝路南道返回中国。斯坦因受英国在印度的殖民地政府委托，进行了四次大范围的考察，在此期间他将这本游记随身携带，试图找到这位僧人走过的每一站。与他随行的是印度调查局的技术人员，他们不仅要进行地形测绘，还要绘制考古地点的平面图并拍摄了几千张照片。因而斯坦因的考察在他的时代，是记录最为详细的考古调查。

斯坦因1900至1901年的第一次考察到了和阗和尼雅，那里是古代的旅行者们从印度去往中国途中的落脚点。他证实了这里有10世纪以前的寺院和殿堂遗迹。

在1906至1908年的第二次考察中，斯坦因再次去了丝路南道，之后到达吐鲁番及其北面的一些绿洲，并获悉敦煌有一处存储大量写本的藏经洞。1907年他在一位知晓藏经洞所在的道士那里购买了大量的写本和画卷。在他之后，伯希和（1907年）、日本僧人吉川小一郎和橘瑞超（1911年）以及奥登堡（1913年）都从这处藏经洞买到了文物。因此，这些珍贵的文书如今分散在从伦敦到东京的各个图书馆里。

1911年中国辛亥革命之后，斯坦因于1913至1916年又一次穿越了中亚。他考察了南面的绿洲城市以及罗布泊沙漠，然后再次到了敦煌，最后是哈拉和卓。他于回程途中在吐鲁番地区停留了几周，在那主要考察了柏孜克里克和阿斯塔纳。之后又经丝路北道和喀什噶尔到了帕米尔山区，并且继续前往伊朗。多年之后，斯坦因于1930至1931年第四次来到新疆游历，又考察了大多数已经去过的地方，但是他受到了中国政府方面越来越多的限制，最终被迫交出所获之物并被驱逐回国。

等待格伦威德尔

10月4日，勒柯克和巴图斯抵达阿克苏，继而于10月中旬到达喀什噶尔。虽然在秦尼巴克英领馆马继业的家中住着非常舒适，但这也不能使他们对格伦威德尔及随行的波尔特令人瞠目的延迟感到安心。直到12月4日，这二人才进了城。在此期间，勒柯克和巴图斯以游历与购物来打发时间，为即将来临的寒冷季节准备了些皮草。此外勒柯克还收集了谚语和歌曲，后来都将这些在柏林发表了。

原本勒柯克很想去和阗，但他因奉命等待而不敢离开。他和巴图斯在10月份花了几天时间考察了从喀什噶尔东北至阿图什途中玉曲布尔汗（中文：三仙洞）的三个洞窟。峭壁高处，约离地面15米的地方，可见三个并列的方形窟口。勒柯克先是推测，这是一个中心柱窟。后来，巴图斯冒着生命危险登山，从山上用绳索吊入洞窟内。根据他的描述，勒柯克绘制了三个相互连接的洞窟平面图。它们的后部都有一个小室，其中两个甚至还有造像基坛的遗痕。

左侧（东面的）洞窟的券顶上有绘画残迹，中窟里还残留有一尊遗失塑像的头光痕迹。勒柯克根据窟口下方的槽孔得出结论，这里应曾有一个“巨型窟前建筑”，其顶部为这三个洞窟前的平台共用。洞窟的东北面还可见一处“东面带有巨大窣堵坡的大型寺院”（TA：5823）的一些废墟。他们后来与英国代表马继业及俄国领事科洛科洛夫一道参观了遗址，还在那里共进午餐。伯希和于1906年详细考察了在恰克马克河上方的玉曲布尔汗的洞窟以及后来被称为图古曼的遗址。勒柯克没有提到其他的考察，但在等待格伦威德尔的两个月期间，相信他去参观了炮台山的窣堵坡，还有城里的清真寺以及周边一些地区。

马继业一家努力向勒柯克表示，他的长时间停留并没有给他们造成麻烦。卡特琳娜·马戛尔尼虽然处于孕后期，却还是非常在意她的客人过得是否愉快。她为他缝补衣物，料理食物。而巴图斯在路上就病了，在此期间一直在俄国领事馆的照看下养病。马继业对勒柯克的工作成果非常感兴趣，并为下一次旅行提出了很多实用的建议。他们这样懒散地打发着时间，直到一个消息传来，通知他们格伦威德尔已经不远了。勒柯克和巴图斯便骑上了马，去迎接格伦威德尔和新同事波尔特。

丝绸之路上的佛教

当公元前4世纪，被称为佛、“觉者”的乔达摩·悉达多去世时，他的僧团可能已经有类似当今的结构了：有确定的僧团戒律，寺院由住持主管，寺院的僧侣、居士以及服务人员操持着寺院的经济利益。这位戒律制定者，在他与主要弟子们的许多对话中，明确了涅槃后对他们的期许。传法是最根本的任务之一，早在释迦驻世之时，僧人们便带着崇高的佛法从北印度去向远方。而在大师去世后的数百年间，他们将佛教传播到整个印度次大陆、中亚、东南亚，直到中国，并且继续向东。

在佛法存在的前10个世纪中，佛教经历了重大变化。当古人的学说还在坚持严格依照佛的言辞而僵化于仪式主义时，一些创新者声称，除了古人认可流传的经典，佛应该还阐述了其他的思想。从新寻找到的经文与弟子们的回忆，以及为那些公认学说所作的注解中，他们塑造了新的“真经”。由于人们在这些戒律中达成一致，因此不同团体的追随者看起来已经习惯处于同一屋檐下。因为佛陀一再告诫过，犯了严重的过错便是破戒。

从印度途经拉达克并经由丝路南道向前，或者从阿富汗和粟特穿越捷列克山口或伊塞克湖经丝路北道去往中国的路途上，数百年来，修建了许多的寺院城市。库车、焉耆、吐鲁番还有于阗、尼雅、米兰是一些定居点的名称，佛教僧侣们在这些绿洲中找到了居所。他们在这里与其他僧侣相遇，相互交流。有些留下了，其他的继续前行或者回归故里。思想的财富便这样从印度传到了中国，也从中国来到了印度。丝绸之路沿途那些对繁盛的贸易兴趣十足的国家，支持着这些僧侣团体。他们知道，商人们在那些圣地祈求来往平安，并且为修缮和装饰宗教场所施舍钱财，如此寺院与世俗统治者便皆可获利。库车就是一个很好的例子，它位于丝路北道中央，自是商队的歇脚之处。来自世界各地的商人们因盗贼、恶劣天气以及疾病等，在这里的寺院中祈求加持，并施与相应的财物。这些都用于寺院的维护与扩建，经书的抄写，用壁画和塑像装饰屋舍，举办庆典活动。如果一个王室像龟兹王室般聪明，便会不仅资助已经存在的寺院，还会自己出钱为僧团修建屋舍与圣地，这些都会带来税收与名望。龟兹在5世纪左右的最辉煌时期，曾有1 000多名僧侣。

随着时间的推移，商贸路线沿途出现了一些大的佛教中心。僧尼能在那里安静地学习、抄经、禅思与修身。他们可以在这里进行佛教的法事活动，而农奴和仆人们则照料房屋和田产。却也有少数人，为有一段时间严格的戒律生活而离开，归隐山林。如佛陀所教导的，他们试着在荒野中修炼。而在佛陀或菩萨——佛的候补者的无数前世中，为能与佛并驾齐驱而终能成佛所经历的所有事件都被他们视觉化了。在他们所经途中给予帮助，一定是当时的统治者所关注的事情。如在绿洲中资助建造屋舍及礼制建筑一般，他们也在山中为那些选择了清修的僧人开辟领地。建起了居住和禅修的小室，并且在礼拜室的壁面和穹顶上绘制了经书中有名的本生因缘故事。在一些重要的场所，也有巨型的绘画或者泥塑。可能也出现了一些佛教的居士们会去参拜的地方，但是我们今天对此所知不详。

我们虽然知道许多佛教的部派，但是丝路上大量确认了的佛教遗址和石窟并不能清楚地与之对应起来。保留下来的建筑与艺术的样式及风格，叙事场景绘画，所发现文书的类别及构成，所有的一切，都展示着丝绸之路上高度融合并且一再演化着的多样性文化的存在。佛教的寺院也同样如此，处于持续的改变中。

人们过去主要是探寻佛教逐步由印度向中国传播的足迹，而如今不断地发现有非印度语系的族群参与过丝路沿途的文化发展，人们由此慢慢摆脱了将语言与来源地等同的想法。丝绸之路上佛教的发展正显示了有大量的汉人、吐蕃人，还有回鹘人参与其中。而说吐火罗语、粟特语和匈奴语的族群也毫无疑问曾发挥过作用。

如果我们将中亚仅仅作为佛教的中转地来看，便不能正确评价这些多样文化的潮流。如那些大型寺院和石窟所展示的，这里也是归宿之地。无论僧侣还是商人都能在这里安家，享受国际化的氛围、精神的交流、各式的买卖以及面向四面八方的开放。佛教于丝绸之路沿线将这些一一再现，呈现出一种几乎无法定义的极度多元文化。

156 | 克孜尔的塑像窟（第77窟）。

叁

第三次考察：格伦威德尔的历史性时刻

1905年12月至1907年5月

喀什噶尔—库车—喀喇沙尔—吐鲁番—乌鲁木齐—吐鲁番—哈密—吐鲁番—喀喇沙尔—乌鲁木齐—塔尔巴哈台

困难重重的旅途

格伦威德尔将他第一次考察的研究报告付梓后，于1905年9月17日从柏林出发前往圣彼得堡，他的摄影师波尔特于9月23日随后而至。由于柏林交运的大件行李还缺少运输许可，在圣彼得堡的停留时间便延长到了9月29日。他们之后去了莫斯科，并在那里换乘横贯西伯利亚的列车，随后在萨马拉登上了中亚列车。从奥伦堡至塔什干的这段铁路刚刚竣工，还未正式通车，在圣彼得堡无法买票。因此10月9日前后，他们不得不在奥伦堡待了三天。前往塔什干的旅途中，格伦威德尔在火车上结识了撒马尔罕的华俄道胜银行总裁德塞伍先生。因为要等行李到来，他们欣然接受了德塞伍先生在当地游览的盛情相邀。如果事先知道箱子会延迟那么久，他们应该会为这次游历花更多时间。在这几天里，他们参观了帖木儿陵墓、撒马尔罕的一些清真寺以及位于泽拉夫尚河畔阿夫拉西阿卜古城的发掘现场，那里有预言者丹尼尔的墓葬。他们还在主人家认识了维尔贡先生和贝尔小姐，这两位于几个月后的1906年1月，在柏林将一次结伴出游的照片交给了格伦威德尔的妻子玛丽。

157—158 | 在阿夫拉西阿卜的抓拍照：格伦威德尔的单人照以及与波尔特、东道主德塞伍和当地向导的合影。

当格伦威德尔和波尔特于1905年10月19日抵达安集延时，行李还没有任何消息。如今也只能耐心做好准备工作，因为不带那些装备上路是不行的。1902年12月，安集延发生了地震，许多房屋被毁。他们住在一位俄国军官那里，设施还是令人满意的。四个星期是很长的一段时间，他们在城里以及周边地区闲逛着消磨时间，而此时勒柯克和巴图斯正在帕米尔山的另一边焦急地等待着他们。格伦威德尔于10月26日写信给他的妻子道：

天气非常好，白天还是很热，但是天也黑得早。我们在这儿经常去老城，也就是突厥城里凑热闹。这只是一个小城市，不能和喀什噶尔与库车相比。

159 | 当1905年长时间滞留于安集延时，格伦威德尔与波尔特有很多时间在城市周边游览，逛逛乡村的集市。

我到附近游览，特意去了美丽的村庄拉瓦特。它位于距安集延大约一个小时路程的卡拉达里亚河畔，是个绿树环绕、美丽又干净的突厥村庄，周围是棉花地和葡萄园，地里还结着巨大的南瓜。（Slg. Reischl）

一位高级军官最终建议他们继续前往奥什，在那里可以住在地区长官柴契夫上校家，行李将随后寄到。

根据几个月前开始实施的新规定，他们必须为下一段旅程先在位于费尔干纳盆地的马尔吉兰最高长官那里办理前往喀什噶尔的许可证。

他们在奥什过得极为享受，如格伦威德尔给他妻子玛丽的信中所说，柴契夫上校“对他们一直很殷勤”（TA：1554）。上校在奥什已经驻扎了很长一段时间，他于1898年便作为地区长官恭贺了途经此处的驻喀什噶尔英国代表马继业与他的新婚妻子。当时他们在奥什住在舒适的俱乐部中，这位俄国人宴请了他们。马继业夫妻还从他手里购买了一架可搬运的钢琴——可能是风

赫尔曼·波尔特
（1877—1950年）

波尔特是民族学博物馆东亚艺术部中工作的无偿助理人员。作为法律系的毕业生原本并不适合参与考古调查——因为他起初打算找一份外交工作，便学了一点中文，而且他的摄影技术很好，他唯一一次随行去中亚拍摄的大量优秀照片已经证明了这一点。然而，在那之后他很快便从博物馆离职了，并在战争中成为飞行员，战后先在柏林后又在莱茵斯贝格当起了律师。他利用当飞行员期间与赫尔曼·戈林相识的关系，于30年代投入了帮助一些受到纳粹迫害的人逃亡的行动中。由于妻子是犹太人，波尔特不得不去接近莱茵斯贝格的权贵们，然而因与权贵圈交往过密，二战后即使有对他有利的证词，他还是失去了从业许可并在痛苦中过世。

160 | 波尔特，摄于1906年。

琴，用牦牛驮着它翻过帕米尔高原，运至喀什噶尔并安置在了家中。

奥什是个小地方，只有一个很小的集市。格伦威德尔与他的助理受邀参加了一次当地军营里的加冕日庆典，营长帕维尔·彼得罗维奇·里亚布科夫让他的士兵们除了为沙皇例行欢呼之外，也为德国的学者们欢呼了一次。

从安集延到奥什的30公里，他们是乘坐俄国的邮政马车前往的。而后，行李也于11月20日运到，他们随即让上校介绍的马队载上了行李，又租用了坐骑。两天以后，终于可以继续前进了。这时，山中的冬天已经来临，马匹在坚硬的路面上行走顺畅。前往伊尔克什坦的俄国边境站要用7天时间。沿着古里察河走了两天后，他们登上了大约4 000米高的捷列克山口。

阿赖山脉是气候分界线，俄国这边（北面）常有降雨并且在冬季有降雪。因此旅行者们要穿越的阿赖山脉中长长的高地山谷，从初春至秋季都是一派郁郁葱葱的高山牧场风光，吉尔吉斯人在那里的夏季草场放牧。1903年夏季，格伦威德尔给他妻子的信中说道，在这鲜花盛开的高地山谷中，点缀着白色的帐篷，是他平生所见的最美景色之一。而在朝向中国的这一面，则是非常干燥的地区。通常只能看见光秃秃的石头。夏季唯一能看见绿色的地方便是那些山谷，由山中泉水以及积雪与冰川融化而成的溪流滋养着。

如今是冬季，风刮过帕米尔山脉东面的山坡，十分寒冷。

伊尔克什坦的俄国边境站地处3 000多米高的一小块高山平地上。一位俄国军官带领着一百名哥萨克士兵驻扎在依山而建的白色堡垒中，边境站的办公室是临河而立的几栋白房子。海关督察官热金在这里工作超过十年了，主要是阻止毒品走私。马继业夫人在书中这样说道：

161 | 格伦威德尔与波尔特去往喀什噶尔的途中，多次在帕米尔地区吉尔吉斯人的帐篷中过夜。1905年的12月，帐篷也不能完全抵御住风暴与严寒。

热金先生的工作是检查从新疆进入俄国的商队。当时走私的主要是珊瑚和做头巾用的印度麦斯林纱以及大麻。珊瑚和麦斯林纱要抽重税，大麻是完全不允许带入的。商队经营者有许多招数来夹带大麻和麦斯林纱。他们将麦斯林纱一圈圈缠在身上，再把大麻藏在里面。而他们带珊瑚过关的伎俩尤为奇特。强迫小马在前往伊尔克什坦的途中吞下珍珠和珊瑚块。通关以后，便快速离开，因为他们需从马粪中仔细分辨，将走私的物品再找出来。因而他的应对之策是将有嫌疑的商队尽可能长时间地扣留。（Macartney 1985：25及下页）

1905年12月，格伦威德尔与1903年时一样，再次住进热金先生温暖的家中，同时还能享用他妻子做的美食。热金讲道，他不得不在夜里开枪驱赶狼群，不然，它们就会闯进院子里来攻击马匹，还会捕食羊和家禽。真是太冷了，但实际上过了这

162 | 海关督察官热金与他的妻子于1905年在伊尔克什坦热情招待了格伦威德尔和波尔特。后来勒柯克也提到过这对夫妇的友善。

163 | 1905年，格伦威德尔虽然病着，还是与喀什噶尔俄国领事馆的成员们一道欢度了圣诞节。与领事科洛科洛夫（上）和哥萨克指挥官（下）以及他们的家人一起时，他乐意用俄语与之交谈。

处歇脚地才是翻山越岭的路途中最艰苦的一段。前往喀什噶尔的路途，要在冰天雪地中行走六天。距离中国士兵驻扎的乌鲁克恰提的堡垒不远处，他们在一个吉尔吉斯人的帐篷中过夜，格伦威德尔在这里受了凉，病得很重。离开伊尔克什坦之后，他们前行三日到了明约路，在那里得到消息，勒柯克和巴图斯迎他们来了。隔日，两支考察队伍终于汇合了，1905年12月4日他们一道骑马进入喀什噶尔。格伦威德尔于12月24日写的一封信中，向妻子讲述了这些情况：

当我骑马进入客栈时，一个突厥人迎面走来，给了我一封勒柯克的信：我便立刻让此人将我的卡片带回。第二天快两点时，我们在最后的沙丘上碰到了三个骑马的人：勒柯克、巴图斯还有我们哈拉和卓的老米拉普穆罕默德·阿里。真是太高兴了。（Slg. Reischl）

四人同行前往库车和库木吐喇

格伦威德尔在奥什便已收到了马继业礼节性的邀请，请他和勒柯克一样住进英国领事馆。格伦威德尔对他上次在俄国使馆的停留有着美好回忆，而且也不想损害与俄国人之间的良好关系，便礼貌地谢绝了，与波尔特和巴图斯一道搬进了俄国使馆。但是他这段时间的健康状况很不好，一天后便为了能在豪格伯格医生的照料下治病，搬去了瑞典人的教会。四名考察队员就这样分别住在了三个地方。他们不得不在喀什噶尔停留了三周，在此期间格伦威德尔的身体状况慢慢好转起来。利用这段时间，他们让人将买来的皮草制成了衣服和暖脚套。在马继业家度过了圣诞节后，于12月30日启程开始了联合考察，便是后来所谓的第三次吐鲁番考察。

勒柯克在《新疆的地下文化宝藏》一书中将在巴楚的图木舒克佛教遗址作为考古的第一站，他还提到伯希和几个月后在这里进行了发掘。但是格伦威德尔没有提及关于此处的任何信息。由此看来，在虚弱的格伦威德尔还躺在前行路线上的马车中时，勒柯克或与巴图斯一道骑马去了托库孜萨来和图木舒克塔格遗址。

据格伦威德尔称，在到阿克苏的前几天，他将巴楚东北面山里的乌什定为了这次联合考察的第一站。这个地方是当地人推荐的，位于阿克苏西面一处绿洲中的同名区域内。10世纪以前，穿越乌什往上，过别迭里山口进入今吉尔吉斯斯坦的这条路，曾是自中国通向西方的主要国际线路之一。因而乌什这个古老的商贸之地经常在古文献中提及，其周边还有许多寺院也有记载。然而曾来过这里的斯坦因以及芬兰籍的俄国将军马达汉都对它们只字未提，估计到20世纪初便踪迹全无了。格伦威德尔还听说了一些关于"阿夫拉西阿卜金色宫殿遗址"（TA：1433）的"古城"的消息，他本想去那里考察的。1907年初，马达汉参观过的那处晚期小堡垒，遗址今天仍然存在，应该不可能是描述中的那个地方。斯坦因也知道这个传闻，他的研究后来却证实这与当地的传说有关，其由来应是那些如画般的山体岩层以及垂直的陡峭崖壁。因为约7 000米高的汗腾格里峰经常被厚厚的云层环绕，对旅行者来说，那些岩层和崖壁在云雾间看起来便如同塔楼和城堡的遗迹。这个令人失望的论

164 | 米尔·萨富达·阿里是1886至1892年间，喀喇昆仑山脉罕萨谷地中部落的首领。他袭击商队，并对俄国及中国邻居友好，招致英国人对他进行了一次讨伐，他便逃到了中国。根据勒柯克的描述，他只是偶尔能在喀什噶尔的俄国领事馆领到一点养老金。于1930年去世之前，他都在库车以当木匠为生。

断如今却让这些柏林人省了事儿，反正他们不必再辛苦地绕道过去了。冬季，是不能带着负重的马队翻越陡峭的黑山山脉的。万不得已的话，如果不带行李还可以冒一下险，但是在严寒中，没有被子和皮草却是万万不可的。

1月21日，格伦威德尔和他的队员们终于快到库车绿洲了。他们于此间听说，在克孜尔村附近有一个古老的大型石窟群。于是便让车队继续朝着库车方向缓慢前行，而他们则绕道去了克孜尔的河谷中。当他们在那里发现了许多保存大量壁画装饰的礼拜窟时，几乎不能相信自己的眼睛。洞窟开凿在带有沟壑及裂缝的崖壁上，随着山势延伸至高处，有些还能看到旧时木质窟前建筑的痕迹。如果所有的洞窟都曾活跃于同一时期，那么此处必是一度生机盎然。格伦威德尔真想立刻停留下来，将所有的建筑都仔细考察一番。但是因为约定租到库车的车队还在途中前行，眼下天寒地冻，没有适合这四位外国人与他们的帮手们居住和堆放行李的房子，而且估计食物也没有带够。他们只好心情沉重地继续前行，计划来年条件转好时再来。

勒柯克在他的出版物中，将自己描写成了第一个听说克孜尔石窟的德国人，并于1月21日单独和巴图斯去了那里。相反，格伦威德尔于1906年1月25日在库车写给妻子的信中的一个段落却讲述道：

> ……四天前，我们参观了克孜尔那些期盼已久的极度恢弘的石窟寺院。许多饰满彩绘的洞窟都保存了下来！（Slg. Reischl）

而且通过1月24日写给领导部门的一封信也可推断，格伦威德尔是在这次骑马侦察行动中同行的：

> ……相反我们去了一处极其壮丽的石窟寺遗址，那里距离克孜勒有20天路程，地处喀什噶尔到库车的路线上，距离库车

要走两天。我们参观了这处宏伟的遗址，却没有在那里开展工作，而是继续往前走了。因为附近只有非常小的农舍，在寒冷的季节里，无法容纳所有人居住。我们打算做好一切必要的准备再回来。那里保存的壁画特别有意思，在哈拉和卓、吐峪沟麻扎和木头沟的绘画风格流变中，这里的壁画是属于最早期的，而其中一些保存得如此之好，以后可将这些石窟的装饰完整复原……（TA：1469起）

165 | 勒柯克一次外出游历时，在库车绿洲南面沙漠边缘托克苏的地方长官家过夜。他十分喜爱这所房子的内部装饰。

德国人在库车住在费尔干纳突厥人的阿克萨卡尔哈尔马特·汗家。他的住所于之后的四个月中，成为德国人在当地的大本营。他们从这里出发前往中国官员处进行礼节性的拜访。当所有的事务都办好了，考察人员即刻轻装上路直奔库木吐喇，那里的千佛洞在格伦威德尔的记忆中，是首次旅行中很有价值的地方。从1月27日至2月25日，他们一直住在村中的伊玛目家，四人同时在洞窟里工作，相互协调合作。格伦威德尔已明显康复了，他主要带着巴图斯研究木扎尔特河沿岸的那些洞窟，还有一旁小山谷中以及峭壁高处的一些遗址。千百年来，消融的冰雪将并不坚硬的砾岩岩石冲刷出了深邃的沟壑，在其陡峭的崖壁上有僧房、禅室和礼拜窟。

如格伦威德尔于1903年便已确认的，有些洞窟的绘画明显呈现了来自东面的影响，他将其标注为“汉式的”。而这一次，他也找到了纯印度风格的壁画。当他在用铅笔绘制平面图及摹绘图像时，勒柯克经常与他的助手——哈拉和卓的米拉普一道出发去寻找周边或远或近的一些遗址的线索，并试图了解该地区寺院分布的情况。他参观了位于库车南面的沙雅和托克苏，以及绿洲以东直到策大雅为止的一些地方。他在这条路线上结识了许多人，在此期间收集的民俗物品凑起来足够办一场展览了。

鸠摩罗什

鸠摩罗什可能是最有名的龟兹之子，大约生活在355至413年，是公认的早期将佛经翻译成中文的翻译家与注释者。

鸠摩罗什是龟兹王王妹与一位佛教僧人的儿子，其父出家前是天竺国相之子。直到九岁去罽宾深造之前，鸠摩罗什长期随同母亲生活在距库车城20公里处苏巴什的昭怙厘大寺中，学习诵读当时流行的佛经。在他途经沙勒、莎车回到了龟兹后，于20岁时受戒成为僧人，便在家乡传播大乘佛教，讲经说法。后因龟兹王不愿让他离开，又被一位中国将军在皇帝的授意下劫持滞留于河西地区，而后辗转到达帝都长安。5世纪初，他在长安主持着一所翻经院。那些经他由多种语言准确译成地道中文的经文及其注疏，为佛教在中国的传播作出了决定性的贡献。

166 | 策大雅位于库车东南去往喀喇沙尔的途中。勒柯克于一次短期游历时参观了这处带有小清真寺的农庄。

库车绿洲

库车绿洲位于天山冰雪消融而形成的众多溪流汇入塔克拉玛干沙漠的出山口处。土地肥沃、矿藏丰富，很久以前便有人在此聚居。作为连接喀什噶尔与吐鲁番绿洲的商贸枢纽地，长期以来扮演着重要角色。众多的文物古迹表明，该地区至少自4世纪起便是一处佛教中心。著名的译经大师鸠摩罗什（344—413年）便生于此地。来自中国的朝圣者，如法显（5世纪）和玄奘（7世纪）也曾讲述过这里有数不清的大型寺院和成千上万的僧侣们。

而同样被朝圣者们描述过的世俗城市遗址，至今在库车绿洲中还没有被证实。位于木扎尔特河畔的都勒都尔·阿护尔遗址，以及库车河两岸的苏巴什遗址，都处于那些翻越天山，又穿越了与库车绿洲毗邻之丘陵地带的交通要道上，那里都发现了大量的佛教礼制建筑和寺院。除此以外，还有许多建在绿洲边缘丘陵地带中的石窟建筑。这些地方被称为克孜尔、克孜尔尕哈、库木吐喇、苏巴什、森木塞姆以及玛扎伯哈（或阿及里克）。

龟兹王国源起于公元前2世纪，其王室在4至8世纪间资助了大量的佛教场所。如克孜尔和库木吐喇石窟寺中的王族供养人像所展示的，这些贵族画像的服饰以及织品图案、首饰和纹样都指向了印度—伊朗文化区域，而壁面上的题记与在库车寻获的这一时期的写本，也证实了印欧语系的吐火罗语这一丰富的文化传统。

7世纪以后，中原超级帝国唐朝的文化因素大量增加。直到佛教寺院在此地终止的时期，也就是通常认为的11世纪，都还有东方的供养人形象出现，这可能与自9世纪起统治这里的回鹘人有关。完全新建的佛教场所几乎没被发现，有一些建筑在伊斯兰时期被赋予了新的意义，正如勒柯克将在第四次考察中发掘的库车城外的库姆阿里克一般。

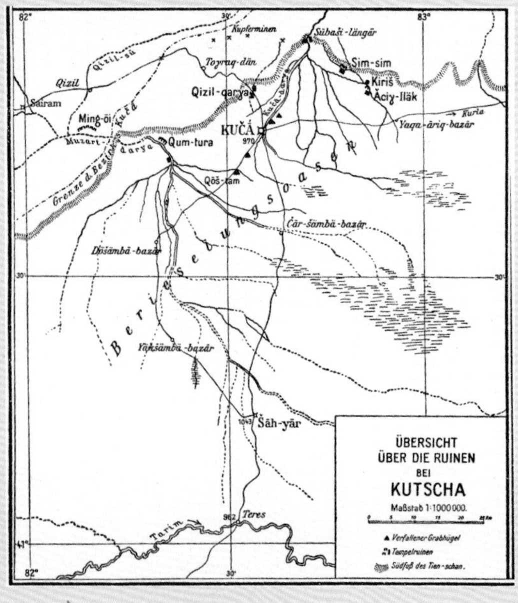

167 | 柏林的制图员及东方学学者赫尔曼（1886—1945年）绘制的库车绿洲地图。

168 | 1906年，库车东面的古城墙还保存得很好。如今只剩下几小段残垣断壁了。

库木吐喇

库木吐喇村附近的佛教石窟遗址位于木扎尔特河沿岸的崖壁上及邻近的小山谷中。直到15世纪左右还活跃着的寺院城都勒都尔·阿护尔就在附近，而且与库车绿洲中的聚居点相距不远。长期以来这里都被僧侣们选为了避世清修之所，直到11世纪还一再被改建及扩建。

库木吐喇一座小山谷深处，有一片非常古老的礼拜窟（4—7世纪）区域，此外也有一些石窟中有汉风及回鹘风壁画，东亚元素在这些壁画中有所增加。观音崇拜、护世天王和千佛的图像，以及石窟空间的扩大，都明确展示了内容的更迭与风格的变化。库木吐喇最晚的时期中，最北面的山谷被用作了汉人的墓地。

169 | 涅槃窟（库木吐喇第12窟）应该是10至11世纪中，库木吐喇较晚的一个黄金时代的珍品。窟中有以柔和色彩绘制的繁缛花草装饰。

171 | 建于9世纪的“紧那罗窟”正壁上，金翅鸟（紧那罗）之间绘制了造福大众的骑象普贤菩萨。

170 | 前室连接了库木吐喇5个最北面的礼拜窟。那里还保存有两尊大佛塑像的石胎。第69窟的壁面上有不同时期来访者的题刻（插图151）。

172 | 因木扎尔特河对崖石的长期侵蚀，库木吐喇北段石窟（第53—72窟）的岩体及木质窟前建筑都被破坏了，而且需要不断地维修。如今修了堤坝来保护石窟。

173 | 库木吐喇第63窟宽敞的主室中原有一尊大佛像，券顶上的菱格图案中能看到许多说法的佛陀。

174 | 涅槃窟（库木吐喇第12窟）的券顶两边装饰了千佛。他们被顶端中脊的一条花饰分开。格伦威德尔在第三次考察时，带回一件窟顶绘画作为样本。

175 | 库木吐喇第14窟中也有这样的千佛券顶，正壁圆拱面上绘有带天宫的净土图像。

在克孜尔工作

2月底，柏林人中断了库木吐喇的工作，将收获的文物存放在哈尔马特·汗家中，然后前往克孜尔。1906年2月26日，一次收获颇丰的四人合作就此拉开序幕，勒柯克将其描述如下：

工作分工如下：我是旅行向导并兼管财政，也是寻找新窟址的侦探者，还负责与中国官方和本地人打交道。一旦发现洞窟，巴图斯和我便要进行清理，搜寻任何形式的写本及文物。波尔特先生有时也帮我们做这些工作，而他主要负责拍照和测量以及其他一干相关事宜。每当找到石窟，便将其清空并用红柳枝扫帚打扫干净，再将格伦威德尔领进来。接着他就临摹壁画、测量并进行科学记录，那本极为出色的《新疆古佛寺》便是在此基础上完成的。（HS：118页）

176 | 克孜尔的山谷中，发掘队伍的成员们很爱坐在宿舍前面开花的杏树下。从左至右：巴图斯、勒柯克、格伦威德尔、波尔特。

丝绸之路上的日本考察队

20世纪初，日本国内崛起的佛教团体自然对中亚新发现的那些佛教遗址非常感兴趣。西本愿寺的宗主大谷光瑞伯爵对此事尤为热衷，并于1902至1914年间资助了印度与东亚间佛教传播途经之地的三次考察。这些年轻人带着任务，或结伴或独自沿着古时的中国僧人以及斯文·赫定与斯坦因考察队的足迹前行。他们中的一部分人在丝路的南北道游历多年，收集文物和写本，并拍摄古迹、绘制地图以及记录见闻。大谷考察队的材料至今也还只有少数翻译成了西方的语言。

克孜尔约2公里长的石窟开凿于天山脚下丘陵地带的木扎尔特河沿岸及两个附属小山谷中的峭壁之上。今天已知的洞窟大约有300个。有的石窟几乎与山谷的地面齐平，而有的则位于令人眩目的高处，它们相互之间曾有台阶和栈道相连。还有些洞窟比较偏僻，只能通过狭窄的山间小道到达。

德国人到这里工作之前，唯一来过此地的外国人是大谷考察队的两名日本人。在格伦威德尔1903年正准备离开库车时，他们来到了克孜尔，而且隔天便在客栈中碰到了德国人。从日记中可知，日本人对德国人从吐鲁番卷走的许多物品印象非常深刻。也许在这以后他们才决定，不再只取写本，也要将那些艺术品带走。一些农民们说，两位年轻的僧人渡边哲信和堀贤雄应该在克孜尔第179窟工作过，被一次地震给吓跑了。他们应是自1903年4月起在库车附近停留了四个月。

德国人在克孜尔停留了两个半月。格伦威德尔兴奋异常，他细致地考察每处崖壁，一旦发现了新的洞窟，为了详尽地描述及临摹，常常消失在里面几个钟头。这一地区长期以来都是前往中原腹地的必经之地，而这些壁画能提供他所期望的有关佛教艺术在此地区的影响和发展的信息。他于1906年8月17日致柏林民族学博物馆的同事缪勒的信中写道：

克孜尔在考古学上的地位是空前的。如果您看到这些东西，会惊讶得不能自已！特别是画家窟与孔雀窟！彩色希腊风格的佛教！另外还有古波斯风格以及向东亚过渡的趋势。画家窟甬道中的绘画精美绝伦，因为它被霉菌侵蚀而不可能带走，我必须侧躺着来临摹它。当这个洞窟被发现时，我只让人打开了一个小的通气孔并用中国烧酒来浸润壁画，以便能让它保持原状，直到临摹完毕。

极度的劳累：我因蒸发的烧酒而半醉着，还忍受着干燥的霉菌，一直到将其全部拯救完毕。没有地方能收集到更多像这次考察所发现的、可以带走的壁画了。我将摹绘的图像和精准的实测图交给

177 | 插图178这幅图像来自“宝藏窟”三个带壁画的洞窟中的左窟(克孜尔第83窟)左壁。透过那几近方正的窟口不太能将它看清楚。

了勒柯克先生,因为相比继续跟我四处颠沛流离来说,它们最好能尽快获得安全。我现在可以单凭考古材料,写一份当地绘画的完整历史,并已经了解了洞窟中图像的题材组合及其分布。基本上没有太多类型,只是一再出现非常有意思的变化。题材有金光明经、犍陀罗风格的说法图、誓愿图等。这件构图及空间分布皆精致的巨大的Buddhahalāhala,令人惊叹不已。

然后是宝藏窟的绘画!这里供养人像的类型可能是最有意思的。男子身着全副铠甲,配细长的德式骑士剑,旗帜飞扬,黑色小胡子与红色头发修剪得很独特。有些人身着带花纹的波斯长衫,佩带匕首及波斯军刀。为表现悲痛,这些男子用匕首割破脸和胸口,血流不止!他们的夫人带着哥特式有黄金坠饰的条纹帽子,穿着白、蓝、黑条纹的丝质长裙,上衣如同哥特式带铃铛的服饰。我们在这里遇到的,完全像是在德国的中世纪。您还记得一件独特的木管号吗,有一点中国化的,而且在夏德[1]那本

[1] Friedrich Hirth.

《中国艺术中的外来影响》中被误解了的？可惜我现在没有那本书。我就应该带所有东西来这里！那个小伙子佩戴着中式的剑，他的卷曲长发和带流苏的袖子却是属于这里的。（TA：5959及下）

可能自4世纪起，在洞窟开凿的崖壁上，便不断有山体滑落。那些前室在古代就曾被修补过，一些入口不得不改道，或将甬道改为木构廊道，石阶以及许多洞窟都有改建和重新利用

178丨优陀羡王传说壁画：一位王后在她的丈夫优陀羡王面前跳舞。国王意识到王后很快便会去世（右）。应王后所求，国王允许她出家，王后因此剪掉头发（左下）。在她去世后，国王也剃发出家为僧（左上）。

179 | 格伦威德尔蹲坐在克孜尔第4窟左侧甬道内的地上几个钟头，将壁画描摹在透明描图纸上。插图180是绘成的线描图。

的痕迹。格伦威德尔和他的队员工作时，也遭遇过山体崩裂落入山谷这样的事。因此，如果那些壁画总有被水侵蚀或者因洞窟崩塌坠入深谷这样的威胁存在，那他们委派巴图斯将壁画从墙上揭下，打包运回柏林也就不足为奇了。勒柯克和巴图斯此前在柏孜克里克时，便积累了揭取大幅壁画的经验，然而如果他们想将某幅壁画带回柏林，却可能因格伦威德尔的反对而不能如愿，因为格伦威德尔认为将壁画临摹下来便足够了。有一幅肯定经过了长时间讨论的，是来自“宝藏窟”（克孜尔第83窟）有关优陀羡王传说的精美壁画。这个洞窟位于一座大山谷入口处，那里石窟的前室全都垮塌了，而且石窟内的壁画也因渗水而受损严重，这让格伦威德尔意识到，还是将壁画带走比较好。而处理“带剑者窟”（克孜尔第8窟）时，他还是坚持了他的原则。礼拜道中的那些吐火罗供养人壁画在石窟后部的侧甬道内被保护得很好，没有一点潮湿迹象，他便用透明纸张将这些壁画摹绘了下来。这些壁画虽暂时留在了原址，却成为勒柯克在下一次考察中让人揭取打包的第一批壁画。

巴图斯在几周内，就变成了将绘于灰泥皮上、装饰着礼拜窟的那些壁画切割下来的技术专家。勒柯克描述了这种方法：

壁画绘制在泥质墙皮上，这种泥皮是先将驼粪、碎干草和植物纤维混合成的黏土光滑地涂抹在墙上，再薄薄地涂上一层灰泥而成。首先要用一把非常锋利的刀，将壁画按装箱所需大小切割下来（用马车运的话，可以大一些，用骆驼的话，必须稍微小点儿，用马驮的最小），切割时走刀必须要穿透整个泥皮层。

进行这项工作时，为了避免切断人物的面部或其他重要的画面，有时必须切割成弧形或者尖角。之后用十字镐在墙体侧面凿一个洞，给操作狐尾锯留出空间。如前所述，这样的空隙在这些石窟中，通常要用锤子和凿子挖出来，幸好这里的石头大都不太硬。

在墙皮保存状况非常不好的时候，有时需要用毡子覆盖着的木板紧贴着要锯下来的画面。然后将这一片从墙上切割下来，再小心地拿着木板上沿将其从墙上移开：割下来的壁画便平躺在了下沿还抵在墙上的木板上。

……装箱也同样不简单。首先要准备好木板，要足够大，确保放在上面的墙皮片的每一边都有8至10厘米的余隙。先在一块木板上横着垫上两层柔韧的干草秆，再盖上一张薄的毛毡并在上面铺上完全除去外壳的棉花。第一片墙皮画面朝下平放上去，其上又铺棉花，然后放上第二片，这次画面朝上，依此类推。我们这样一次打包六片墙皮，再多就不行了。

在这样的一包上面铺上棉花、毡子和两层草秆（相互交错成直角）。再在上面放上第二块这样的大木板，接着将壁画边缘和木板外沿之间的空隙以及与木盖的间隙，仔细用干草塞满后，便

180丨格伦威德尔描摹的这幅图，画的是阿阇世王与王后及大臣们坐在朝堂上。大家决定委婉地将佛陀涅槃的消息告知他，同时向他展示一张绘有佛本生故事的帛画（插图256）。为减轻阿阇世王的精神痛苦，人们将他放入内置生酥的澡罐中，与此同时日月出现在了罐内缝隙处。

用绳子把整包捆紧。打包用的箱子也要够大，……将这一整包小心放进箱子里，里面四周和箱盖下的空隙都用干草塞满，最后将盖子钉上。(HS：116—117页)

这段时间，柏林人都住在农夫铁木尔的一所有两间屋的小房子里，房子坐落在大山谷入口东面，差不多在石窟遗址中央。格伦威德尔天一亮便带着他的图纸从这儿去洞窟，几周内绘制了大量的图并且将观察记录做得十分细致。他向妻子致歉只给她写了很少的信，因为到晚上他已经完全不能拿起笔了。勒柯克考察这些洞窟，并且清理了沙土和碎石。他还在山崖上方发现了另外两处石窟群，其中有一些绘画技艺高超的洞窟。巴图斯抢救指定的壁画并负责指挥工人工作。与此同时，波尔特在一位男孩的帮助下用干板相机拍摄了大量克孜尔的精美照片。令人惋惜的是，只有在阳光能从入口射进洞窟的地方，才能进

181 | 克孜尔石窟最西面第8窟的侧甬道中有看起来像中古骑士的供养人像。他们身着带翻领的骑士外套与布料柔软的裤子，装备的武器是匕首和长剑。格伦威德尔因此于1906年将这个洞窟称为“带剑者窟”。1913年，勒柯克将这幅供养人像带到了柏林。

行室内拍摄。高处的许多洞窟常常无法登临。巴图斯是一位优秀的登高者，有时还能架起一副绳梯，但是波尔特带着沉重的相机，通常无法上去。如今我们也别无他法，有时候只能用他拍摄的高分辨率的全景照片，再将石窟内部放大。令人惊讶的是，用这种方法我们至今仍能获取相当多的信息。

巴图斯和他的工人爬到高处松滑的碎石堆上，可能借助的是用枝干或竹子自制的梯子和脚手架。他们在工作以及切割壁画时，也用这样的竿子支撑有裂缝的洞窟拱顶。通常是艰难地进入那些新发现的洞窟，将碎石清理掉，然后在扬起的灰尘中考察洞窟，这是一种持久的冒险活动。所发现的洞窟仅有大约四分之一，是他们重点关注的壁画窟。由于时间关系，在新发现的僧房窟以及大量的储藏室或小型禅窟中，格伦威德尔只对一些有特别之处的洞窟感兴趣，因此有些准备工作便是“徒劳无功的”。只有在一些僧房窟中找到了写本、木质构件、壁炉或其他物品，才会让他为之停留。不然他便将全部的注意力都倾注在了礼拜窟的壁画和绘制平面图上。这次考察中，他们究竟从克孜尔带了多少壁画回柏林，尚不清楚，数量应是在60至90箱之间。如果一个箱子里如勒柯克详细描述的一般装有六片，那便有360至540片壁画，拼接起来大约是90至135平方米。在克孜尔工作期间，最重要的成果是格伦威德尔的观察记录，直至今日仍是研究中亚壁画的基础资料。

供 养 人

如果没有组织来操持僧团的经费与供给，僧人与寺院都是无法存在的。因此，佛陀在世之时，便褒赞过供养人。通过提名来对他们表示尊敬，并将他们与大规模捐赠的关系公之于众。有谁捐出了财物，便可获取功德并被社会认可，因为捐赠行为是会被全体信徒所周知的。在佛教中，做功德大多是有标准的供养文体，大约如此：“我，某某，为僧尼敬造……（例如，一处建筑），愿亡故双亲及法界有情同霑此福。”

在中亚的独立建筑与石窟壁画绘制的供养人并不局限于佛教团体。摩尼教徒也敬仰他们的供养者。供养人形象主要出现在建筑入口处或者礼拜道的壁面上，在礼拜图像中也作为随侍出现。我们对供养人图像的主要兴趣在于，他们展示了当时某个地域的生活与时代的特征，并且为我们提供了探视遥远文明日常生活的机会。克孜尔有许多供养人类似伊朗的贵族骑士与他们的妻子，而在柏孜克里克则是以回鹘贵族的形象出现。我们在壁画中能见到来自各个阶层的供养人：商人及商队头领，士兵与僧侣，男人和女人。

克　孜　尔

克孜尔的山谷在库车绿洲西南边缘另一面，是丝路北道上最美的地方。越过托克拉克达坂（山口），便可看到一条河流在肥沃的土地上蜿蜒流淌，宽阔河湾之后是高耸的群山。4至8世纪，佛教的僧侣们生活在偏远的山谷中，聚集在一些绘满壁画的洞窟中禅修、礼佛。伴随着克孜尔佛教绘画的发现，掀开了研究中亚佛教的新篇章。在极为丰富的材料中，可以看到大量的佛本生因缘故事，并能在其中领略到数百年来不断变化的表现方式。对于为佛教着迷的艺术史研究者格伦威德尔来说，见到克孜尔石窟就像来到天堂一般。他非常激动地写信回家，在1906年4月1日写给玛丽的一封信中道：

> 我们坐在这个美丽安宁的角落里，群山间的一处圆形河谷中。山谷环绕着河流，谷中只有一些贫穷的维吾尔人建的屋舍，我们全部人员住在其中一所。伙食很好，但是到处都是垃圾。四周环绕的是砂岩和第三纪岩石生成的光秃山峰，我们周围有不少于三四百个带精美壁画的佛教石窟。大量的工作由此而来，再往上走15分钟还有两处遗址，约20个洞窟：一条陡而狭窄的小路通向那里，中心是一处精美的古老洞窟，里面几乎全是希腊风格或希腊波斯风格的壁画，画家把自己也画了上去，还在下面签了名。（Slg. Reischl）

他对克孜尔的石窟建筑及其极具艺术价值的装饰的出色记录，奠定了一百多年来我们对处于向中国传播途中的佛教世界的认知。

182—183 | 这间农舍是德国人1906年2月26日至5月14日，以及1913年6月22日至9月20日的栖身之所。它位于带有一条小溪的大山谷前稍稍偏东一侧。这条溪流是农夫铁木尔浇灌田地的水源，有时也会涨水。

184 | 清理完第12与13窟后，巴图斯便揭下了那里的壁画，又和他的队伍往上去了第18窟，那里位于克孜尔山谷上方令人眩晕的高处。所有的洞窟都只能经一条狭窄的小道抵达，因此摄影师波尔特根本无法过去。

185 | 克孜尔第67窟的红白穹顶以及壁画很早以前便有一部分垮塌了。残留的长条状装饰带上绘制了僧侣、供养人和说法场景。

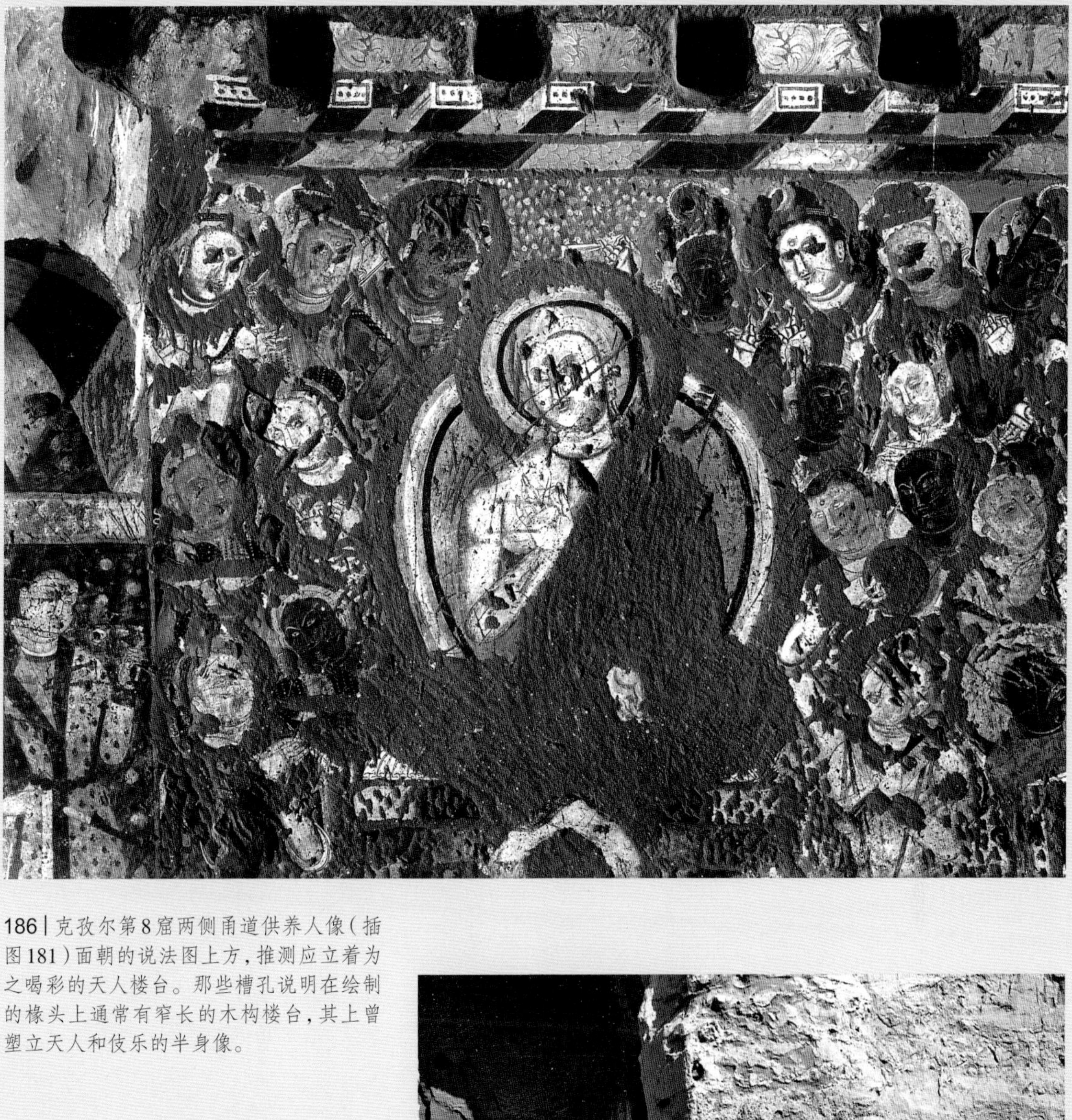

186 | 克孜尔第8窟两侧甬道供养人像(插图181)面朝的说法图上方,推测应立着为之喝彩的天人楼台。那些槽孔说明在绘制的椽头上通常有窄长的木构楼台,其上曾塑立天人和伎乐的半身像。

187 | 大峡谷的东面时有岩石崩塌,那些洞窟便需要定期修护。波尔特与他的助理小男孩站在一个大窟前面(克孜尔第157窟),当中仅有一像龛保存了下来。石窟寺院第158窟的入口处堆放着打包壁画用的干树枝。

188 | 壁画特别精美的“阶梯窟”（克孜尔第110窟）建于6世纪，后壁上部的圆拱形壁面上绘有魔王波旬与他的追随者一道，试图破坏佛陀（残损）修行成道。壁面上还有许多方格构图区域，表现的是释迦牟尼生平不同阶段的佛传故事。

189 | 大峡谷的尽头，为了更好地采光，一系列洞窟（克孜尔第110—119窟）开在了崖壁高处，入口处曾有通向室内的台阶和前室。而这里也因风化的缘故，不断地被重建。

190 | 礼拜窟的壁面因时代以及出资者的差异而有不同的装饰。据最新研究，克孜尔第118窟的图像只有一个主题——顶生王因其极端行为受到惩罚的传说故事。顶生王无法忍受有人在他之上，便请求帝释天分位于他，而顶生王却还不满足。正如后壁上部所绘，他想要由伎乐天陪伴着在天上独享尊位。帝释天便不能容忍他了。顶生王失去了他的神力，被贬下界，像凡人一样会死亡。底部便是他临终躺在床上，四个妻子在哭泣。

191 | 穿过第219窟的侧甬道，便能从主室抵达中心柱后方的狭长空间，一张佛陀的石质涅槃台紧挨后壁。那些绘画属于克孜尔早期壁画。

192 | 在一个完全被毁的石窟中，格伦威德尔发现了雕塑的残迹：一只雕成象头的床足，身着波浪状下垂服饰的交脚造像残块。此二者应曾属一处石窟后甬道的佛涅槃图像，具体的发现地点如今已无从知晓了。

193 | 德国人在克孜尔第76窟前室的碎石之下，找到了一些木质的家具和其他物件。这很罕见，因为木头在这一地区大多被重复利用，或者当柴火烧掉。1926年，利用保存下来的壁画将这个“孔雀窟”的主室在博物馆中复原了。

194 | 连珠纹环饰中嘴里叼了一串珍珠的鸭子，是波斯萨珊王朝时期最流行的图像母题——特别是在织物上。因而可以推测，这处底部装饰借鉴了一种布料纹样。该长条状饰带位于克孜尔完全被毁的第60号超大型洞窟内。

195 | 在克孜尔，不时有大块岩石从山体崩落而造成礼拜洞窟的损坏。克孜尔第34窟中，曾在侧壁上架起木质支架，上面立着飞天伎乐半身像。中心柱上曾有塑于木桩上的须弥山。龛中为禅定坐佛，帝释天前来拜访求法。

196 | 克孜尔主石窟群的东面末端，一条窄道通向山顶，那里有两大组石窟。从山谷远处能看到第二处遗址的窟口。这两处石窟包含了克孜尔早期5至7世纪风格的部分礼拜窟。

197 | 克孜尔第二处遗址的第207窟中，画师将自己画了出来。他左手托着一个颜料罐子，高举的右手拿着笔刷。这处在1906年还有一些壁画保存较好的“画师窟”是克孜尔最美的洞窟之一，而该幅壁画也属于“战争损失”。

在陌生的研究领域：森木塞姆

勒柯克于3月11日至4月7日这段时间骑马去了库车，并且从那里去参观了克日西的森木塞姆和玛扎伯哈的遗址，他在2月的出游途中听说了它们的存在。

森木塞姆的佛教石窟位于克日西居民点的北面。其南面及东面是一条崖壁陡峭的山脉，加上北面与西面的锥形山丘，在此围成了一个近似圆形的山谷。一条出自北面山中的溪流及其支流，环绕着一连串耸立着从西面延伸进山谷的低矮山丘流淌。这些山丘中隐藏着54个佛教礼拜窟，其中一些绘满了壁画。最大的遗址有一尊巨大的佛像位于南面，从山谷的任何一个角落都能看到。山谷北崖中央的前方，还保留了一处带有一座残塔的地面寺院遗址。森木塞姆的遗址因一个个小屋般的山丘而吸引人，每座山丘上开凿出了数个洞窟，山谷位置偏僻，远离尘世生活。建筑及绘画风格大多延续克孜尔早期洞窟。主要类型是带礼拜道的中心柱窟，也有一些方形带穹顶的洞窟。

在格伦威德尔去库木吐喇和克孜尔研究了建筑发展以及礼拜窟中的图像规划之后，开始对森木塞姆的遗址格外感兴趣。他完成了克孜尔的工作，5月15日至20日便跟随勒柯克在森木塞姆考察，尽管他知道库车地区的所有遗址按照约定应属于俄国学者的考察范围。别列佐夫斯基兄弟两年多以前，便在圣彼得堡等待着去库车的最终许可。当他们在苏巴什时，得知格伦威德尔已经在森木塞姆工作了，自然不会感到高兴。格伦威德尔在圣彼得堡时，经常与米哈伊尔·米哈伊诺维奇·别列佐夫斯基碰面交流，无论如何还是要与他维持友好的关系。但是并不清楚，那里究竟曾发生过什么。不管怎样，格伦威德尔中断了在森木塞姆的工作，并且放弃了对几公里外的玛扎伯哈的研究。据勒柯克说，别列佐夫斯基曾威胁，必要时会用武力将德国人赶走。

他们几天之后返回库车，打包在克孜尔和库木吐喇的收获，并于5月22日或23日向东前往库尔勒，那里与库车一样，在东汉时期（3世纪）就已是丝绸之路上的重要站点。

198 | 1906年，格伦威德尔在库车与他的俄国同行米哈伊尔·别列佐夫斯基碰面。

199 | 夏季，库尔勒的这条河流因山上积雪消融而经常发洪水。1906年通过这座摇摇晃晃的桥时，真是很惊险。

200 | 喀喇沙尔看起来和新疆的许多地方都一样：没有敷设路面的道路两旁立着简易的土质房屋，上面加建了木质楼房与阳台，有时为了抵挡日晒在屋前用木棍和草席挑出了前檐。

库尔勒附近

德国考察队于6月1日至4日间，在库尔勒拜访了当地的政府机构。然后穿越了博斯腾湖畔的喀喇沙尔古城。这个地区有一些季节性涨水的河流，通过那些不太稳固的桥梁因此变得困难。去往大约在西北方向的村庄硕尔楚克之前，他们在喀喇沙尔城中补充了给养。随后，他们在硕尔楚克附近从6月4日工作到了29日。硕尔楚克的遗址距离一条通往北方准噶尔的古代山道不远，大量的佛教寺院和神龛分布在两串小山丘间的一片宽阔洼地上，其左右各有一条小河。这处遗址当时在学术圈中闻名已久，但直到那时还没有人详细研究过。这里广阔的区域和建筑的数量都要求考察队有一次长期的停留。而格伦威德尔希望继续前往吐鲁番，那里有高昌，而且主要是柏孜克里克在等着他，完成那里的工作才是他的首要目标。但他也不能对这些遗址点完全不闻不问，因为这里确实也和高昌一样，是一个寺院城。虽然这里有一些工作比较棘手，他还是花费了许多天在遗址中测量建筑并绘图。由于没有找到残留的绘画，工作进行得很快。格伦威德尔最终觉得，他对“城市”北面几公里外的那些石窟寺更感兴趣，

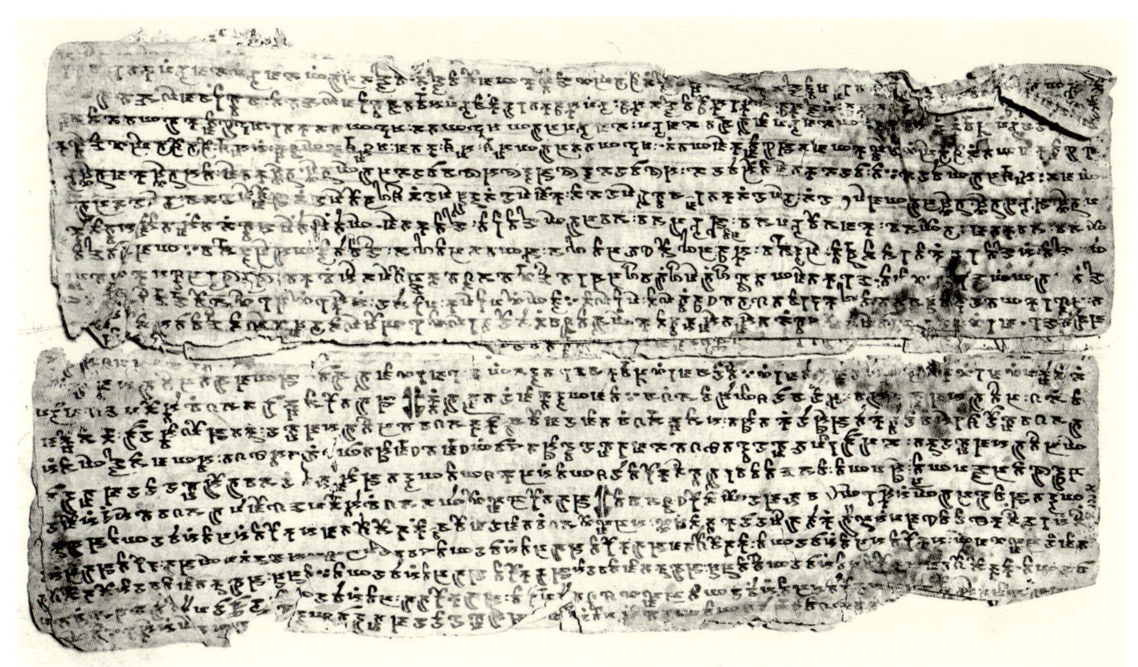

201 | 在硕尔楚克的第5b窟中，格伦威德尔发现一间放置写本的小室。这里还保存有用中亚婆罗米文书写的佛教梵文经典，以及带插图的写本，他将这些都带回了柏林。

并期望那里的壁画和泥塑能有更好的收获，因此他在这两周内主要在那里绘图。与此同时，勒柯克和波尔特继续在硕尔楚克的遗址中工作。他们还另外抢救出了一系列的写本。勒柯克于1906年6月11日写信给柏林的缪勒道：

亲爱的枢密顾问先生，我们自6月2日以来一直待在这个优美的沙漠盐滩中，四周飞舞着大量牛虻、蚊子，到处蹦跶着肆无忌惮的跳蚤（我们奇迹般地逃离了那些令人作呕的害虫）。

西北方向约10里处坐落着这座古城，当中可能有100座建筑，这里的西北面又有一处小石窟遗址，那里的壁画类似吐鲁番的达克雅洛斯，巴图斯幸运地在其中两个洞窟中发现了大量保存较好或者还凑合的婆罗米文文书残本，其中有两本像书一样的，我寄给您波尔特先生拍的照片……（TA：5936）

这四位德国人没法留宿硕尔楚克，而是住在了大约两小时路程以外的一个客栈中，因此他们总是要走很远的路回去。夏季的到来伴随着极为恶劣的天气，甚至差点儿将珍贵的写本弄坏了。

202—203 | 德国人在库尔勒附近碰到了几个行乞的少年。他们拿着1 000多年前佛教僧人使用过的一种类似的带环手杖四处流浪。其中一个例子是格伦威德尔从克孜尔第118窟最顶上的长条状纹饰中摹绘的禅杖。

……我们非常不幸地遇到了一场可怕的暴雨，它将我们的房子变成了臭水坑，行李、床还有其他物品都被从肮脏的干草屋顶漏下的大量雨水浇坏了。装写本与文物的箱子幸运地没有受损。在肆虐的冰冷风暴中，没法点着火，总之糟糕至极。还好附近的Qin-dän（中式旅店）中有两个房间是干的，我们搬到那里过夜，睡得很好。今天早晨，天山附近的山脉自峰顶到山脚都覆盖着新雪，在阳光下闪耀着。这景色美妙极了，令人沉醉！（TA：5938起）

虽然时有坏天气，但一般还是非常炎热，而且勒柯克厌倦了长时间在乡下逗留。想着吐鲁番的酷暑便让他害怕，另外牙疼和肠胃炎也使他非常受罪，因此他决定回国。与此同时，格伦威德尔和他的两个助手于6月29日继续向东前进。格伦威德尔并不愿意勒柯克离开，他后来写信给枢密顾问皮舍尔道：

我非常想念他。他是一位乐于助人的旅行同伴，和他一起工作非常愉快，而我会将这段时光当作我最美好的回忆。（TA：5984）

俄国人的考察

在邻国地界进行带有军事目的的考察，是几百年来沙俄政治的重要手段。研究者们因此考察了西伯利亚和中亚，并在中亚地区发现了大量的遗址点。当越来越多的佛教写本流入学者手中，其中部分甚至来自佛教还在丝路上非常活跃的5世纪左右，他们便推测，也许还能在吐鲁番地区找到这一时期的佛教礼制建筑。克莱门茨因此受命前往，他也的确于1898至1899年间在吐鲁番绿洲中的各处找到了寺院以及其他礼制建筑。然而，俄国学者们既没能说服政府，也没能说服研究机构，于此次侦察性的游历后，接着再进行一次装备精良的考察。国内政治动荡，外加与日本的纷争引发了1904年日俄战争，导致重心转移。俄国的学者们很高兴能从德国同行那里得到考察成果的相关信息，但他们也坚决要求将库车地区留作自己专属的研究领地。1906年，堂兄弟米哈伊尔·米哈伊诺维奇·别列佐夫斯基（数学家及动物学家，1848—1912年）和尼古拉·马特维耶维奇·别列佐夫斯基（建筑师，1879—1941年）便来到了这里。

俄国的第一次大型考古调查开展于1909至1910年间。领导他们的是“圣彼得堡科学院永久性的秘书”奥登堡（1863—1934年），是与格伦威德尔一样专于印度学与佛教的研究者，并且与他的同行斯坦因同样带了一位摄影师和一位绘图员同行。他考察的重点是库车、喀喇沙尔及吐鲁番地区。奥登堡原本计划紧接着的第二次旅行，直到1913至1914年间才得以成行。他们这次去了敦煌，接着又到了吐鲁番。奥登堡带着丰富的文书资料回到圣彼得堡，直至今日，这些资料还只发表了一部分。

相较于这些正式的考察，俄国领事馆的职员们去那些遗址进行短期考察的次数要频繁得多。他们有时候自己发掘，而多数是让许多当地的盗宝者提供文物，大量写本与其他文物通过他们进入了圣彼得堡的博物馆。

而勒柯克正心情沉重地走在回家的路上。这件事对于他们后来关系降温有着特别意义。

勒柯克的归途

勒柯克在《新疆的地下文化宝藏》一书中，详细地描绘了他的归途。行李以及装着写本与格伦威德尔的绘图的几个箱子由一辆马车运送，而他自己骑着马时快时慢地沿着那些电报线的杆子向西而去。当他想看些有趣的事物或者酷暑难耐时，便短暂停留一下。7月中旬，他到达库车，休息了两天。 那个后来随他一直到了拉达克的当地仆人埃葛巴迪为他准备了米粥和面包。然后就继续上路，经由阿克苏往喀什噶尔去了。7月30日，他们抵达喀什噶尔。勒柯克在马继业家结识了一位英国军官谢里尔上尉，并与其约定一道翻越喀喇昆仑山去拉达克。而在此之前，他打算无论如何要去和阗看看，因为原籍匈牙利的英国考古学家斯坦因已经先去那里考察过了。勒柯克于8月6日从喀什噶尔出发，12天后，与谢里尔一同抵达和阗，在那里停留到9月10日。然后，他们骑马回到叶尔羌，在叶尔羌为返程准备了一些小马。他们住在英属印度商人的阿克萨卡尔萨伯·布顿·让的家里。勒柯克去了瑞典传教站，请古斯塔·拉奎特医生治疗让他痛苦了好几周的牙疼。在这之后，他们终于带着马队、许多仆人和马夫出发前往斯利那加。

这次旅行持续了八周，勒柯克在他的书中作了详细描述。戏剧性的遭遇是，他的旅伴因高原反应不得不在山里停留了一些时日，直到勒柯克去拉达克交运了行李，又带着帮手从帕纳米克回去接他。最终这个英国人被带到了拉达克，而真正的英雄业迹是由当地的帮手们完成的。勒柯克让谢里尔在列城摩拉维亚弟兄

204 | 1906年，勒柯克的马队自叶城出发，沿着提孜那甫河的河床向着英属印度边界方向依山势缓缓上行。这条河在昆仑山脉中蜿蜒盘绕，缓慢向下流入山谷，因而旅行者们需多次蹚河而过。

205 | 在拉达克勒柯克总能看到玛尼石，就像在帕纳米克地区一样。

会的教会医院接受治疗，而他自己仅作了短暂停留，11月初又出发上路，于12天后到达了斯利那加。因为救助了英国军官，勒柯克在那里受到了热烈欢迎，他在斯利那加停留了一段时日，享受着文明带来的优越。他住在酒店中，还在英国代表荣赫鹏爵士家吃了饭。短期停留以后，他出发途经拉瓦尔品第与阿格拉前往孟买，并于12月底抵达热那亚。1907年1月7日，他便又在柏林博物馆工作了。

威廉二世皇帝的儿子，普鲁士王子艾特尔・腓特烈于1908年1月31日向勒柯克递交了威尔士王子1907年8月21日"因人道主义贡献"授予他的圣约翰骑士团金质勋章，表彰他对谢里尔上尉的救助。在此之前，他已于1907年4月25日接受了普鲁士文化部长冯・斯图特颁发的"四级红鹰勋章"。

硕尔楚克

喀喇沙尔，如今的焉耆，距离孔雀河发源地——辽阔的博斯腾湖仅几公里远。直到近代，被蒙古人从山里带到平原出售的马群都还在城市西北面吃草。古时，丝路南道及北道的那些商路在此与游牧民族的山间小路交汇。直至唐代，这片绿洲都是由当地的王族统治着。阿耆尼王国，喀喇沙尔的梵文名，已被证实到7世纪初仍然存在。

如今的村庄硕尔楚克附近，坐落着一座寺院城，曾有大量的大型建筑和许多小庙。约一公里外的山上，开凿了13个佛教的礼拜窟。

如格伦威德尔以及后来的斯坦因和奥登堡的报告中称，这里延续至唐代的那些殿堂和窣堵坡都装饰有大量的泥塑。由大量单体塑像组成，带有许多弟子和天人的涅槃场景像，常见于许多殿堂后部。此外，殿堂遗址中的台架上，装饰着从花中化生出的半身神像。格伦威德尔甚至还发现了一处存放石膏模具的仓库，藏有塑像各个部位的模子。将泥团在木芯或干草芯上塑形，便可制作出一系列的塑像。这种模具的存在，解释了焉耆的泥塑像在长时间内的统一模式化。而在公元1千纪的最后几百年中，数量大增的佛教场景绘画取代了早期的单体塑像。发现的那些成列供养人像的服饰具有回鹘和汉人的时代风格。

在寺院遗址和洞窟中寻获的写本是用印欧语系的吐火罗文撰写的。这与此地原本便常见的偏向印度传统风格的佛教题材相符，类似克孜尔早期洞窟中以及丝路南道上见到的一般。

这座寺院城邻近往来极为频繁的交通要道，可能由此积累了财富，但还是受制于各个霸权国家，也因此数百年来屡遭摧毁。10世纪中，被外族军队破坏并纵火后，这些寺院没有重建起来。这里的佛教生活至此便完全被终结了。

206 | 硕尔楚克的遗址被一条小溪分成了两个区域。北面的山上有11个佛教的礼拜窟。格伦威德尔和勒柯克考察了废墟中的窣堵坡、佛殿以及简陋的单间小室。

207 | 在硕尔楚克分布有不同形制及大小的寺院。除一些传统的带有礼拜道的殿堂（如插图208所示）以外，格伦威德尔和勒柯克还看到了一些三面墙上都有浅龛造像的佛殿，以及一些单间小室，它们也可能是禅室。

208 | 地面佛殿常常由内殿和环绕的礼拜道构成，这在硕尔楚克的大型建筑中表现得十分清楚。这样的内殿应该和石窟中的主室一样，有些架子支托在壁面上，架子上可能曾立有半身的神祇。

209 | 硕尔楚克遗址位于盐碱沼泽中的荒地上，那些建筑一眼望去都十分相似。它们都建在低矮的台基上，只有少数带前室、内殿和礼拜道的大型佛殿，相比之下带围墙的小型塔庙有不少。大量成列的小屋可能当作禅室和僧房使用。

210 | 与克孜尔的“塑像窟”（插图156）一样，硕尔楚克第9窟靠近涅槃佛的头部和脚部也曾有一些泥塑依侧壁而立。这些塑像大约有160厘米高。

211 | 泥塑都是在木棍和草秸制成的芯上用黏土塑造成型的。人们通过用模具压制湿润的黏土，制作出大量统一样式的塑像，因此成品神像也不会有个体特征。他们都头戴花冠，卷发披肩，上臂带着臂钏。有些保存得相当完好，就像格伦威德尔准备运走的这尊菩萨像。

212 | 在一龛坐佛的左右两侧各有一个大型礼拜窟的入口（第5a窟、5b窟）。格伦威德尔在这两个窟中找到了大量写本。入口处，有泥塑装饰的壁面，古代时为加固墙体已涂抹上了一层泥皮。

213 | "麒麟窟"（硕尔楚克第9窟）主室前壁上的男女供养人长幅壁画都被带到了柏林。以汉风绘制的身着回鹘服装的形象让壁画有了独特魅力。推测于10世纪制作完成。

格伦威德尔、波尔特和巴图斯在吐鲁番

格伦威德尔于6月29日带着波尔特、巴图斯和一些当地的助手启程西行，几天后就到了阿格尔布拉克山口，离吐鲁番盆地越来越近了。格伦威德尔于1906年7月26日给妻子的私人信件中以独特的笔法写道：

当我们接近吐鲁番的山谷时，名副其实的烤炉散发的热气扑面而来。7月吐鲁番阴凉处的气温是40到41列氏度（相当于50摄氏度）。我们住在俄国的阿克萨卡尔阿赫洛尔·汗家，很快又朝哈拉和卓继续前进了。我乘坐一辆中式马车越过纵横交错的水渠，两天半后到了米拉普家门口，他家的淘气鬼，被叫作“密密”的小密米尔给我开了门。M’na propisan！感觉就像到了老朋友家一样。真够奇怪的，这里的很多小伙子都会点德语。比如拉吉布在碰了他不该拿的东西时说：Kaschgar-da Karašar-da Kutscha-da hämmäsi grapuh mache Turpan-da grapuh jok，意思是说在喀什噶尔、喀喇沙尔和库车他们会偷走所有东西，而在吐鲁番他们什么都不偷。多美妙的维吾尔语！整个队伍又都到齐了：玉素普和拉吉布，还有很棒的毛拉和其他农夫——总是在抽烟斗的书写匠萨乌特和爱吃蒲牢[1]的蒲牢萨乌特，只有赞西佩和她的丈夫离开了。之前给我们做过箱子的、来自哈密的木匠，bu yaman kiši[2]，这个坏孩子将书写匠萨乌特的狗毒死，还吊了起来。他被叫作默安戈斯[3]，是村里恶名远扬的捣蛋鬼。哈拉和卓通往吐峪沟麻扎的大路旁有一段老城墙，里面在闹鬼。据说那儿住着一个鬼，没有当地人敢晚上经过那里。而这些调皮的男孩子在白天经过时，也必须大吼：Dschin Keling鬼，出来！（Slg. Reischl）

1906年7月9日，格伦威德尔一行人抵达吐鲁番。一天之后，来到了哈拉和卓农夫萨乌特城墙边上的家门前。对吐鲁番地方官员进行了必要的拜访后，格伦威德尔花费数日整理了第二次考察的工作成果，并了解了高昌在此期间发生的变化。古老的寺院城中，分布于高粱地里的遗址相比他上次来时明显变平了些。之后的四天中，他考察了周边地区，主要是柏孜克里克。在吐鲁番地区最炎热的时候，将时间花在骑行探查、拜访以及购物上，应是明智之举，若在烈日下开展工作，体力会消耗过快。只有巴图斯好像完全没事儿，当格伦威德尔与波尔特还在乌鲁木齐拜访巡抚和购物的时候，他很快开始了第一个发掘工作。格伦威德尔还拜访了俄国领事尼古拉·瓦西里耶维奇·博戈亚夫连斯基，并在大城市的住所里奢侈地享受了几日舒适的生活。

[1] 抓饭之意。
[2] 这是个坏人。
[3] 木匠之意。

214｜1906年，德国人在乌鲁木齐休养的那些天中，还拜访了对当地语言及历史多有涉猎的俄国领事博戈亚夫连斯基。

215｜在阿格尔布拉克山口处，有一所能躲避寒风的小客栈。来自柏林的人们喜欢在往返于吐鲁番和喀喇沙尔的途中住在这里。

216 | 格伦威德尔在返回柏林途中，又在乌鲁木齐停了一下。波尔特、格伦威德尔和巴图斯（从左至右）与俄国领事馆的警卫指挥官一道庆祝了重逢，还在马车前与当地的随行人员一起合影，他们很快便要与这些人告别了。

217 | 格伦威德尔摹绘的回鹘王侯与猎鹰，这是他于1906年在高昌故城可汗堡一处用墙封死的建筑入口的壁面上发现的。

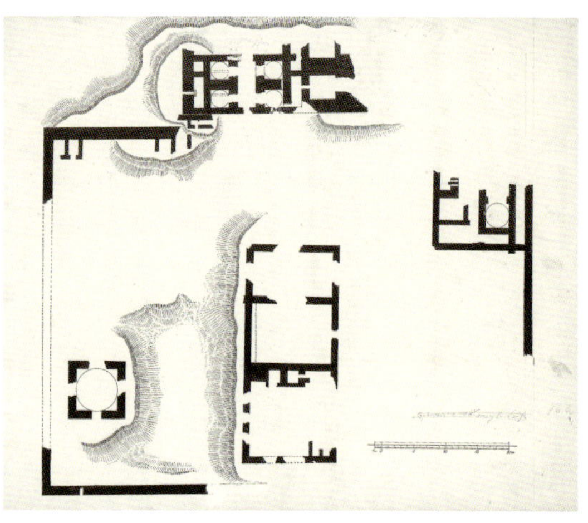

218 | 勒柯克于1904年绘制的高昌寺院K的平面图，他证实了这里被摩尼教徒和佛教徒于不同时期使用过。格伦威德尔后来延续了勒柯克在K寺院中的工作。

在此期间，巴图斯一个人带着他的工人们在吐鲁番的丘陵地带（7月14至16日）和交河（7月16日至8月9日）工作。在吐鲁番城北面丘陵中的2号和3号山谷中，格伦威德尔于1903年便发现了石窟中非常有意思的主要来自晚期佛教的壁画，当时他只是匆匆浏览了一下。如今巴图斯为格伦威德尔在一些地方做着准备工作，特别是在交河。他在1903年和1905年便已短暂地去过位于吐鲁番山谷入口处的悬崖上的台地，花了三周时间主要研究了位于道路尽头处那个带有像龛的窣堵坡的大型殿堂和那些小型窣堵坡，并且勘察了另一处大型殿堂，也在里面发现了壁画残迹和一面佛幡。此外，他还清理了五个开凿于山脊北面崖壁上的洞窟。

格伦威德尔总是将此处遗址视为俄国人的研究范围。他可能因此没有亲自参与交河的发掘工作，其后巴图斯的测量数据与观察所得为奥登堡1909年的第一次考察提供了帮助。

8月9日，格伦威德尔和波尔特从乌鲁木齐回来了，隔天便出发去参观了巴图斯在交河以及吐鲁番丘陵地区（库鲁特喀、Baghra、布拉依克、水盘）的工作，并在那里绘图及拍照。至迟8月16日他们又都回到了吐鲁番阿赫洛尔·汗的家中，整理打包收获的文物及书写信件。8月21至24日他们去了高昌，还可能在附近短期勘察。格伦威德尔在此期间没有对当地的遗址有过多的描述。这一曾是他首要兴趣所在的地区，看来已不能吸引他集中精力做研究了。他将高昌描述为“完全被挖得乱七八糟，简直绝望透了”（TA：5971），勒柯克是对的，他认为追求经济利益导致这片土地被消耗殆尽。格伦威德尔却不打算终止这里的工作，因为他还想要在遗址中找到文物。实际上，这里时常便能翻出一些未经发现的壁画，其中一些是德国人从当地农民那里了解到的。他们在可汗堡一带清除瓦砾时，于遗址中央的一处围墙后方发现了壁画。然而，格伦威德尔可能需要等到收获季节以后才能对整体区域做进一步研究。

逃离暑热：亦力湖与哈密

德国人最终决定像去年的勒柯克和巴图斯一样，到哈密度过余下的暑期。9月4至6日，他们在途中参观了亦力湖。自从格伦威德尔通过不同的渠道对那里的遗址有所了解后，好奇心便油然而生：

> 有三个人，加上我在乌鲁木齐的前房东的儿子，都给我讲述了位于阿斯塔那和托克齐之间一个地方的许多奇妙事物……就是亦力湖村……我是一定要去那里的。在那应该能找到用完全未知文字书写的写本。后来途中又听说了在Lodung的遗址，提到那里有一些带壁画的大型建筑。我现在至少知道那里的殿堂是塑有一些大像的独立建筑，其中有一尊倚坐弥勒像和一些窣堵坡。根据保留的铭文痕迹来看有婆罗米文和回鹘文，还发现一些吐蕃文写本残卷，其中部分带有纹饰，另外还有几份回鹘文的残片。特别有意思的是一座位于山谷入口处带有护法神像的小殿堂，如果我不是站在回鹘的地界上，肯定会认为那是日本的。（TA：5971）

他们作为王爷的客人在哈密待了三天，参观了所有的景点。从哈密回程的途中，9月14至16日又留在了亦力湖考察。村庄附近的佛教遗址位于吐峪沟和连木沁的山谷东面的河谷中，而格伦威德尔和波尔特后来还专程于12月花了三天时间考察连木沁。1906年，亦力湖遗址还保留有三处位于山丘上成组的佛教殿堂，就像山谷入口处的建筑那样，部分还残留有壁画及雕塑装饰。格伦威德尔和巴图斯试图在这几天内尽可能多地考察这些遗址。波尔特拍摄的照片更是如今少有的对这个地方的记录。

9月22至30日，他们又在高昌城中度过了一周时间。格伦威德尔可能主要在这里专注研究了位于城市遗址中心的可汗

219丨虽然缺少木材，新疆还是有长久的木雕艺术传统，这在佛教寺院与清真寺的大门，以及那些柱子上都有所反映，例如昆莫王陵墓清真寺（插图233）的大门上。

220 | 木头沟的第三区石窟（木头沟III）中保存了晚期佛教的壁画残迹。许多早期绘画中作为佛的护法出现的金刚手菩萨，在此处以魔化的多种形象出现。

堡。他请鲁克沁的郡王在他离开期间保护这一区域的安全，而大规模的发掘将在1907年的1月进行。

终于来到柏孜克里克

工作终于进展到了这一步。除了短暂的参观，格伦威德尔至今还没正式来过木头沟和柏孜克里克。当炎热逐渐降低到可以忍受的程度，他便打算将第一次考察期间因严寒而不能完成的工作补上。

巴图斯先将位于山谷中央的几处建筑从瓦砾中清理了出来，还找到了一些重要的写本，格伦威德尔接着便带着巴图斯和波尔特进驻柏孜克里克第16窟以及窟前平台。我们今天从照片上看，这处石窟被一副垂帘遮护了起来，在它前面还有一张工作用的桌子，可能也用来吃饭。直到11月26日格伦威德尔都在逐步记录40个洞窟的建筑和图像系统并新绘制了一幅石窟群整体的分布图以及许多单独的平面图，还有剖面图和局部的图像。对于今天的研究来说，最为重要的便是他那些专业而细致的观察，他将这些观察记录和平面图一道于1912年发表在《新疆古佛寺》一书中。

当勒柯克将第20窟的壁画都运到柏林之后，格伦威德尔认为没有理由让人大面积切割壁画了，只需再带走少数几幅即可：

> 为了避免行李过多，我将要取走的壁画都限定于那些最需要的。这样除了从克孜尔和其他地方带走的90箱，便只再增加大约30个箱子。我优先收集世俗类型的题材，也就是石窟供养人家族成员、传说类的图像，而不考虑收集大量的佛像以及其他的……（TA：5985）

221 | 双券顶直到现代还是吐鲁番当地建筑的特色。它在9世纪中便在柏孜克里克被用来抵御极端气候。

222 | 格伦威德尔摹绘了奇康淖尔一个壁画窟窟顶上绘制的格状天花纹样。

除了这些工作，格伦威德尔还带着巴图斯和波尔特考察了木头沟北面两个带有寺院和石窟的区域（II和III号），接着巴图斯便独自在那里发掘并绘图。他们还一道考察了勒柯克一年前发现的奇康淖尔。格伦威德尔用文字描述了那里的五个洞窟，还描摹了一处精美的彩绘格状天花。与在柏孜克里克一样，他们也在这里找到了重要的写本。

到了9月，日间还是持续酷热，夜里却明显降温了。他们能在洞窟里露营的日子到了11月便彻底结束了。11月26日，完成柏孜克里克的工作后，他们将收获带到哈拉和卓，并回那里住宿。12月8日，他们再度前往阿萨古城。格伦威德尔于1903年就已听说过那里的许多情况，而且一直觉得那里很有可能找到写本。勒柯克和巴图斯一年之前的那次出行，因沙暴和缺水而收获寥寥。他们只是确认有两处相距不远的地方叫这个名字，即大小阿萨古城，还有就是绘制了部分的图再拍了些照片。在小阿萨古城中，勒柯克研究了一处晚期佛教的塔庙和一些遗址。而格伦威德尔也同样失望了。当他于12月10至14日期间在那里停留时，他已然察觉到，强烈的沙漠风暴使得遗址风化严重，而当地如水泥般坚硬的地面完全无法挖掘。他于2月6日给妻子玛丽写道：

我们从木头沟骑马回到了哈拉和卓。12月里，又从那儿去了阿萨古城的寺院。但是情况简直糟透了，天气冷得让人筋疲力尽，泥泞的盐碱地面，又没有水源，我们只得在一个还能凑合收拾出来的老洞窟中过夜。因为听说还有另一个阿萨古城存在，就骑马去了在鲁克沁南面沙漠边缘的迪坎，那里应该有一座古城掩埋在荒漠之下：Kaisar-i-Rum-ning šähr，沙子如雨般落下。然而我们什么都没找到。便返回了哈拉和卓。（Slg. Reischl）

估计格伦威德尔可能觉得考察遗址需要花费太多时间，而他想要节省资源，同时也不认为有足够的时间。

斯坦因不久之后便在阿萨古城停留了一段时间。他似乎要幸运些，因为他的测绘人员绘制了这处遗址的平面图，使得勒柯克的记录更加容易理解了。

阿萨古城

鲁克沁绿洲西南方向，有水灌溉的地区逐渐缩小了。水渠穿越的田地间，总有一些戈壁荒滩，再远便是大片带有盐碱草地的贫瘠荒漠。最后，人们便可抵达距前一村落约10公里的一处古要塞。当地人将这些城墙称为大阿萨即“大堡垒”，来和东北方向约3公里处的小阿萨，即“小堡垒”相区别。两处遗址明显皆属于始自9世纪的回鹘时期文明的延伸之地。大阿萨古城曾是一处带有瞭望塔的堡垒。拥有周边少量田地的农民们，在厚厚的土坯墙后得到庇护，斯坦因曾在这里的田间挖出了水渠。此地有低矮、带拱顶的房间，是守军居住的营房，还有一座带有高大拱顶和瞭望台的城堡以及一处小型寺院。而小阿萨古城则可能曾是寺院区。当欧洲的考古学家们来到此处时，它的部分城墙掩埋在了沙漠之中。而一些残垣断壁和小窄堵坡还零星地露在外面。保存得最好的是西区的一处勒柯克、格伦威德尔还有斯坦因皆有涉猎的平面呈星状的殿堂。

223 | 小阿萨古城寺院区域两座窣堵坡中，较小的一座上残留着供养人像壁画。

224 | 大阿萨古城东面内环要塞上的一处堡垒，这里曾有高大的拱顶与坚实的上层建筑，卫兵们能从上面看到远处的景象。

225 | 内环要塞有坚固的城墙，墙后有堡垒、戍城卫兵的营房，还有一座小佛堂。与其接壤的还有由外圈不很高大的防御城墙环绕起来的大片区域，可能是战时给居民们避难用的外城，那里也有一些居址残迹。照片便是从这里拍摄的。

226 | 小阿萨古城寺院区中的一处大型寺院中，有一座带星形底座的窣堵坡。它立于一处庭院中，人们可经由一所穹顶建筑进入院中。这处穹顶建筑前方还有一处横向券顶建筑以及一个更大的院落。

亦力湖

吐鲁番与哈密之间的古道位于今高速公路以南，穿越荒漠，长约450公里，途中曾有许多小的聚居地和供旅行者停留的驿站。格伦威德尔于1906年考察了哈密西面约60公里处，距离亦力湖村不远的一座小山谷。两边的小山丘上曾有寺院和殿堂，其中有多个大型佛殿。格伦威德尔考察了东面的一个以及西面的两个建筑群。收获的文物、题记以及建筑风格都证明，此处自9世纪的回鹘时期便由佛教徒使用，而通过保存下来的写本可知，有大量的信徒或是访客来自吐蕃。格伦威德尔特别钟情于那些泥塑的大像：主要遗址的一个大型寺院建筑群中，发现了一尊巨型弥勒佛像的残迹。一间曾带有巨大穹顶的内殿中，这尊未来佛倚坐在王座上。另一座山丘上的许多寺院遗址中都发现了大像残迹。河对岸遗址群的一处小圣地中，有护世天王和夜叉的残迹位于一座回字形佛坛上。此外，遗址中还零星分布一些在寺院附近崖壁上凿出的禅窟。

227 | 紧挨着弥勒殿的外墙又建了一间独立的小殿，那里的尊像仅剩部分头光保存下来。

228 | 河对岸的一处小佛殿中有许多塑像残块。壁面环绕基坛，两侧壁前各塑有一佛二菩萨，旁为脚踏夜叉的天王像。

229 | 未来佛弥勒在亦力湖遗址有一所大型寺院，格伦威德尔的工人们发掘了那里的佛殿。找到了一尊巨大塑像的少许残块以及部分延伸到土坯穹顶上的头光残迹。

230 | 亦力湖大多数的寺院都在山丘上。从弥勒寺所在的大型寺院群远眺山谷另一面的一栋建筑，它每面外墙上的龛中都曾有巨大的坐像。亦力湖的所有寺院在1906年还有绘画残迹、回鹘文题刻以及大量塑像残块。格伦威德尔还在旁边发现了许多可能是过去用于禅修的洞窟。

哈　密

20世纪初，在数百年前便已深深融入华夏帝国的哈密还生活着大量突厥语系居民。因这处绿洲邻近南面沙漠与北面高达4 000米的天山支脉之间的一条通道，许多旅行者和军队需经此路来往于华夏腹地与西部边陲，哈密自古以来便是兵家必争之地。因此，20世纪初城里只留下了少量的古建筑遗址。

至今还受人尊崇的昆莫王王陵以及陵墓清真寺是一处例外。此地最后一位领主是于1930年去世的沙木胡索特，勒柯克于1905年、格伦威德尔于1906年拜访过他。沙木胡索特与他的前任们一样，皆为北京的帝王所封领主。因与乌鲁木齐的都督合作紧密，辛亥革命之后他还是昆莫王。他治理封地一向铁腕，直至去世，其领地都没被汉人强制性的移民占据。

城外30公里庙尔沟的王室夏宫花园中，有一座建于10至11世纪的佛教寺院。勒柯克和格伦威德尔考察研究了这处由三个穹顶建筑组成的遗址，当中保留有一些大的立佛壁画残迹。他们在花园上方的一个山顶上，还发现了许多殿堂的残墙和军事堡垒遗址，其年代也许更为久远。

231 | 陵墓清真寺入口大堂的一块刻有建陵记和发愿文的维吾尔文碑刻。

233 | 第七位昆莫王于1868年因被视为亲满人士而被维吾尔人杀害，清政府为他花费大笔银两修建了一座庄严的陵墓。这座陵墓清真寺的一旁建有第九位王沙木胡索特的中式木构陵墓。

232 | 昆莫王陵墓清真寺的屋顶由72根木质柱子支撑。

234 | 昆莫王的守墓人及其家人住在墓区里，他是一位东干人。

235 | 昆莫王夏宫上方的一个山丘上有一座带长台阶的阶梯状窣堵坡与佛教时期一些其他建筑的残迹。

236—237 | 山谷下方的昆莫王花园中，有三个穹顶殿堂。风沙和碎石将这处被无数掠夺者翻腾过的废墟掩埋住了。只有佛像巨大的头光还能看见。这些来自柏林的人分别于1905及1906年在此停留了数日，考察了这处遗址。

238 | 从附近看庙尔沟山丘上的窣堵坡和那些防御工事，很是壮观。

239 | 昆莫王花园中有一处巨大的穹顶殿堂遗迹，可能与亦力湖（插图229）的一座寺院一样，曾为一尊弥勒像而建。一百年前，农民们将遗址周围杂草丛生的地方当作休憩之所。

240—242 | 因时代、宗派以及仪式的差别，佛教礼制性建筑的形制也各有千秋。吐鲁番地区可以找到样式各异的窣堵坡。方形基础上的覆钵形窣堵坡（左上）有时建在一座高台或分层的台基上，并且可由一道或不同方向的多道台阶到达。柱状窣堵坡（左下）通常与一些小柱子同建于一个平台上。星形窣堵坡常常建在一个方形台基上，是带有诸多凹凸部分的阶梯状窣堵坡。所有的窣堵坡顶部似乎都是带单层或多重相轮的覆钵。

告别高昌和吐鲁番

12月中旬，他们回到哈拉和卓，停留在吐鲁番的时间已接近尾声。格伦威德尔知道，他将不会再来这里。因此，对他极为重要的便是不要有所遗漏，并将还没有答案的问题继续琢磨清楚。在此期间，田里已收获完毕，格伦威德尔和巴图斯紧接着再次考察了高昌城中的遗址。接下来的两周中，他们将所有发现了摩尼教文书的地方又都看了一遍，包括勒柯克成功发掘过的寺院（K）。圣诞节后，他们又将围墙东面的整个区域都走了一遍，特别是带有大型涅槃像残迹的遗址Ц（俄语的Z）。圣诞节期间再次参观了胜金口，并考察了勒柯克找到许多写本的第10窟。1906年岁末，他们骑马去了连木沁，吐峪沟东北面的一处小绿洲，那里有少量的佛教石窟和一方凿有佛龛的著名巨石块。12月31日至1907年1月11日这几天，他们再次去了吐峪沟，紧接着1月12日至2月4日又回到高昌城内及周边工作。波尔特在此期间拍摄了大量照片，高昌的图片展示了许多如今已经消失的遗迹。

德国人在此地的工作结束了。2月4日，他们离开了哈拉和卓，带着收获去了吐鲁番，在阿赫洛尔·汗的家中，于2月25日前已将所有东西打包完毕，准备运走。在这期间，他们还专门出了一趟远门：在吐鲁番的几周内，格伦威德尔没有忘记去年6月考察过的硕尔楚克。特别是高昌城内可汗堡围墙上的回鹘供养人像给了他灵感，同样可以将硕尔楚克一个洞窟（第11窟）中的壁画如此复原。1906年的夏季中，他最后已无法专心工作，因而没有注意到途中的一些地方。即使单程都要花上10天，他也决定再去一次。他将行李留在阿赫洛尔·汗家，带人

243 | 连木沁有一块带佛龛的巨石，可能从前属于一座窣堵坡。

再次途经托克逊，翻山去往硕尔楚克。途中参观了后来斯坦因发掘过的乌沙克塔勒。格伦威德尔原本希望在那里找到30个保持原始状态的洞窟，就像一些中国士兵告诉他们的那样。但是他失望了，除了一张俄文旧报纸，他们在乌沙克塔勒的石窟中什么也没找到。格伦威德尔对硕尔楚克的期望更高，如8月17日给同事缪勒的信中写道：

244 | 自从去过了柏孜克里克，回鹘供养人像就一直对格伦威德尔具有很大吸引力。他绘制了一系列此类图像——也有这些来自硕尔楚克第11窟前壁上的供养人像。

> 我还想再去一次硕尔楚克，因为所有的迹象都说明，那里还有被掩埋的洞窟。上次我在绘图和测量的时候，勒柯克和巴图斯在这里找到了大批梵文写本。这是上帝恩赐的工作——就像在克孜尔的日日夜夜。我们应该在那里补做点其他工作。（TA：5958）

他们于3月6至16日再次考察了硕尔楚克的石窟以及寺院遗址。特别仔细地观察了有些偏远的第9窟，还在那里临摹了一身回鹘供养人像。他们也重新细致地将其他遗址调查了一遍。考察过程中在一条小溪正南面的区域内发现了一间储存模具的仓库，其中部分模具应是压制泥塑用的。这便解释了当地的洞窟和寺院中，装饰墙体和柱子的泥塑像的统一模式。

回到吐鲁番之后，自1907年3月26日起，为进行告别性拜访和准备办理运输事宜又花了10天时间。德国考察队于4月5日启程回家，途经乌鲁木齐和塔尔巴哈台，并于5月21日在塔尔巴哈台将125个箱子交付给了运输公司。6月9日，他们最终乘坐自圣彼得堡开来的火车抵达了柏林。

回响

与第一次不同的是，格伦威德尔这次带病从旅途归来，完全筋疲力竭。1907年9月，他在哈茨山中的疗养地哈瑟罗德写信告诉妻子已逐渐恢复了健康，但是后来几个月的档案中没有找到任何关于他的记录。他于11月回到了柏林，但还是生病在家。这样的状况直到1911年9月一次胆囊手术之后，才有了根本性的变化。

当第二和第三次考察的那些箱子于1907年秋运抵柏林时，人们还不知道这样大量的文物在博物馆中应置于何处。有些立刻被打开了，而许多就先放在了地下室中。所有的条件都不够：空间不足、人力不足、资金不足，而首要问题便是时间不够。格伦威德尔不在的时候，勒柯克接手了他的许多工作。3月22日，在其他三位回归之前，德意志皇帝和随从来到了民族学博物馆，并对勒柯克考察带回的壁画及写本表示赞赏。他可能还让勒柯克讲述了翻越喜马拉雅山时的冒险经历。一个月后，勒柯克便被文化部长授予了"四级红鹰勋章"。获得如此尊崇，并且因带回的文物引起轰动而举世闻名，勒柯克终于从格伦威德尔的阴影中走了出来。他接待着来自世界各地的来访者，在柏林及欧洲各地巡回演讲。似乎在最初几年里，这并未损害这两位学者间的良好关系。

245 | 苏巴什寺院城的西面。

第四次考察：告别中亚

1913年5月至1914年2月

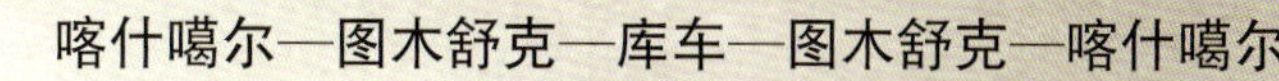

缘起

因俄国科学院终于批准了考古调查的第一部分经费，奥登堡和他的考古队便于1909至1910年间考察了库车地区和喀喇沙尔。1908年，伯希和与斯坦因也已带着各自的队伍自新疆归来。他们在德国前三次考察之后的这些年里，进行了三次大型的考古调查。这样一来，在柏林的人们开始考虑一次新的旅行，也不足为奇了。特别是因1911年8月“吐鲁番展厅”的设立，使得那些重要的出土文物成为民族学博物馆的常设展品，并且备受称赞。

一次新的考察旅行计划的相关记录于1911年8月22日第一次出现在档案中，但是久经考验的格伦威德尔却没法再担任领队了。虽然《新疆古佛寺》一书的出版工作已经完成，手术也消除了他多年的病痛，他仍觉得自己年岁已高，不能经受再一次的长途跋涉。而勒柯克在1911年前后，完成了《高昌》一书的工作。至此，他在吐鲁番绿洲的工作成果均已出版，可以转向新的研究领地，巴图斯也能继续参加，于是新的考察队伍便诞生了。

然而，1911年的辛亥革命以及清王朝的覆灭，导致中国政局和社会形势动荡，他们无法去往新疆，使得计划一开始便陷入停

246 | 勒柯克说道：1905年在乌鲁木齐，他曾与俄国领事馆的卫兵们一道拍照，然而与那时安定的乌鲁木齐不同，1913年的喀什噶尔，有时会有超过2 000名俄国士兵驻扎于此（LL：25页）。

滞。直到1912年底，局势有所缓和，喀什噶尔英国总领事马继业爵士认为可以进行考察了。虽然还是不能获得北京方面的官方旅行许可，但马继业承诺为德国人办理新疆最西部地区——他的辖区内的有效旅行证件。当两位成员承诺自负风险出行时，柏林的外事部门也表示愿意支持。

德国人一到当地就很快发现，平静的表面之下暗流涌动，情势随时可能反转。勒柯克在这样的情况下，不得不放弃了原本想去丝路南道的计划，他和技术人员巴图斯便待在库车地区查漏补缺。那里虽然已经调查过几次了，却还是有足够的研究材料。

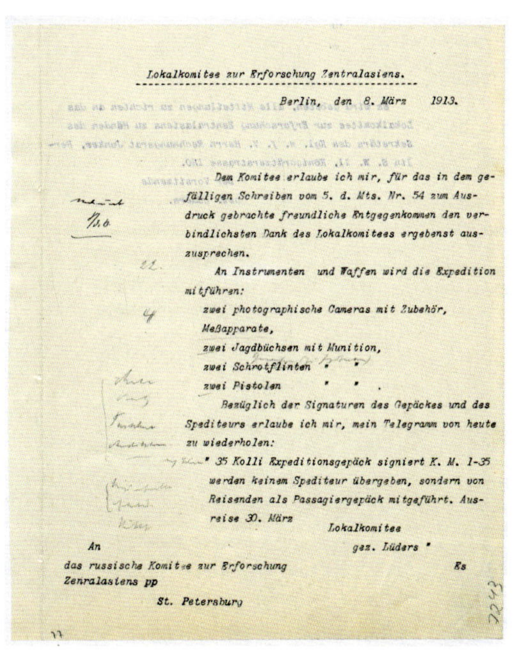

Lokalkomitee zur Erforschung Zentralasiens.

Berlin, den 8. März 1913.

Dem Komitee erlaube ich mir, für das in dem gefälligen Schreiben vom 5. d. Mts. Nr. 54 zum Ausdruck gebrachte freundliche Entgegenkommen den verbindlichsten Dank des Lokalkomitees ergebenst auszusprechen.

An Instrumenten und Waffen wird die Expedition mitführen:

zwei photographische Cameras mit Zubehör,
Meßapparate,
zwei Jagdbüchsen mit Munition,
zwei Schrotflinten " "
zwei Pistolen " " .

Bezüglich der Signaturen des Gepäckes und des Spediteurs erlaube ich mir, mein Telegramm von heute zu wiederholen:

" 35 Kolli Expeditionsgepäck signiert K. M. 1-35 werden keinem Spediteur übergeben, sondern von Reisenden als Passagiergepäck mitgeführt. Ausreise 30. März

Lokalkomitee
gez. Lüders "

An
das russische Komitee zur Erforschung Zenralasiens pp
St. Petersburg

Es

247 | 1913年第四次考察的装备中，除了两架相机及其配件，还有六把枪支。旅行者必须将这些告知俄国机关，以获得通行许可。

一位执拗的研究者

第四次考察的资料来源，除了勒柯克的信件和报告以外，主要是他于1928年出版的《中国新疆的土地和人民》一书。相较于1926年出版的关于第二与第三次考察的旅行记录《新疆的地下文化宝藏》而言，他对当地的状况有了更深入的了解，并且详细描绘了所经历的人和事。他确实不是一个“中立的”观察者，但他的视点对于理解中国巨变后那些年的艰难岁月有所帮助。当然，这些记录也透露出一些关于观察者本人的状况及其在本国所处的环境。当这本书付印时，他生平最重要的成果也即将开幕。民族学博物馆中，他所在的“印度部”重新陈列布展。参观者能在40多个展室里，穿梭于南亚与丝绸之路的艺术中。勒柯克希望向观众讲述这片土地及其人民的生活方式和政治关系等，同时也想向参观者分享收集这些独一无二藏品时的艰辛。

为了这样一次全面性的展示，他忍受了旅途中的艰难困苦。自认为身赋使命，要将一片遥远土地上失落文明的遗珠，从那些无知的后裔手中以及不安的命运当中解救出来，并且将其带回到德国博物馆这处安全的港湾中。他自信心膨胀，而且所有的判断和行动都被某种骄傲自大所引导贯彻，同时也保持着对当年风靡一时的民族志观察的高度兴趣。

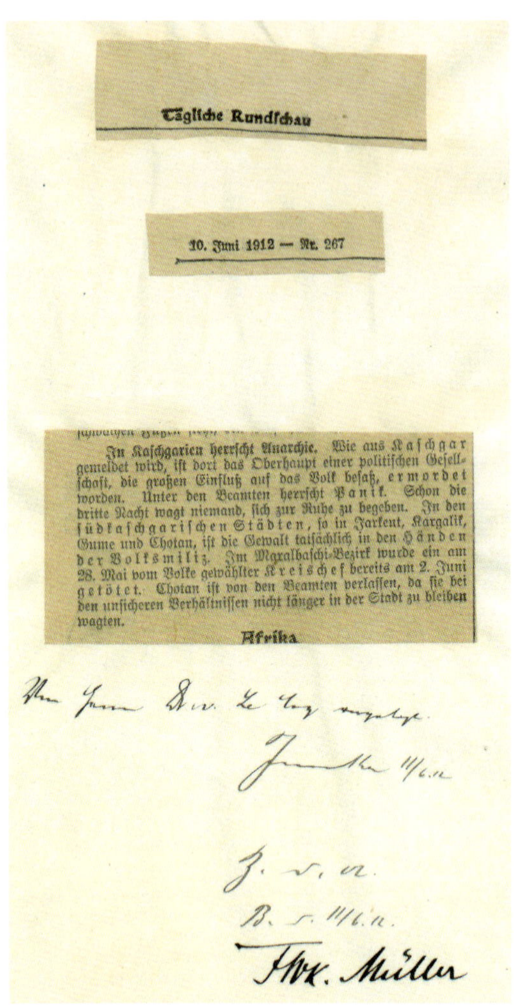

Tägliche Rundschau

10. Juni 1912 — Nr. 267

In Kaschgarien herrscht Anarchie. Wie aus Kaschgar gemeldet wird, ist dort das Oberhaupt einer politischen Gesellschaft, die großen Einfluß auf das Volk besaß, ermordet worden. Unter den Beamten herrscht Panik. Schon die dritte Nacht wagt niemand, sich zur Ruhe zu begeben. In den südkaschgarischen Städten, so in Jarkent, Kargalik, Gume und Chotan, ist die Gewalt tatsächlich in den Händen der Volksmiliz. Im Maralbaschi-Bezirk wurde ein am 28. Mai vom Volke gewählter Kreischef bereits am 2. Juni getötet. Chotan ist von den Beamten verlassen, da sie bei den unsicheren Verhältnissen nicht länger in der Stadt zu bleiben wagten.

Afrika

248 | 由于报纸上关于喀什噶尔的那些谋杀案和骚乱事件的报道，启程一再地被推迟（柏林，《每日评论》1912年6月10日）。

勒柯克当时对“东方”文化的评估并非孤例，而不稳定的政治局势可能是另一个可深究的原因。尽管勒柯克如同蝴蝶收藏家采集标本一般收集壁画，如今的读者却也没有机会对被破坏的全景表示惋惜和迟疑。他一心想尽可能完整地收集藏品，归入博物馆中。因而他抱怨所有的阻碍，认为如果没有这些，他能获取更多。他对旅行的一段段回忆也因此拼凑出了一幅巨大的灾难画面，在那样的背景下，他个人的行为是为了能让德国的学术研究取得更大成就。尤其令人惊讶的是，勒柯克一再表达出的意图如今还在产生作用，在新的考察过程中，那些被他的同事格伦威德尔出于对文物本身的考量而留在原处的文物，也都被打包带回了柏林，即便这些物件都已有足够研究的记录了。

启程前往丝绸之路

一切按常规准备就绪后，勒柯克与巴图斯于1913年3月31日经由圣彼得堡和莫斯科前往塔什干和安集延，他们在当地一个德国啤酒酿造师移民的家中等候行李及穿越边境所需的有效证件。而后经奥什继续前行。4月21日，他们带着40匹马翻越马蹄铁山口来到捷列克山口。5月9至10日，通过了当时俄国在伊尔克什坦的边境站，并于一天之后通过了在乌鲁克恰提的中国边境站。

他们于5月14日抵达喀什噶尔，受到马继业一家贵宾般的接待。

> 我们昨天顺利来到这里，在一家突厥式旅店住下。马继业爵士和夫人很快就知道我们抵达的消息，还没来得及将东西卸下马，他们已出现在了这个不怎么干净的地方，开心地将看起来像强盗的我们接到了秦尼巴克的总领馆，我们在花园中漂亮的印度帐篷里露营……如今我们在这里等待行李到来，再与中国的行政机构取得联系，然后就能往里走了。（TA：5043及下）

249 | 1913年，喀什噶尔的俄国总领事馆像一个小堡垒。有时会有数百名哥萨克士兵在院中扎营。

过去几年喀什噶尔的变化显而易见：1911年的辛亥革命摧毁了国家旧的军事阶层，而投机者、土匪和帮会分子夺取了权力。以前从一些不太平的地方，如伊犁河谷或是中原腹地，流放到新疆其他地区的暴乱分子和判了罪的刑犯，如今在这边胡作非为。特别是在喀什噶尔周边地区，有大量的移民涌入，有限的耕地与激增的棉花种植导致了物价上涨和本地人的逃亡。许多喀什噶尔人作为移民在东面的地区落了户——主要是库车地区，或者前往俄国的“西突厥斯坦”充当季节性的合同工，据说1913年就有40 000名这样的人。

自1912年起，乌鲁木齐的汉人都督晋升为新疆的决策者，并将俄国领事的影响力限制在了与哈萨克斯坦接壤的伊犁地区，但俄国的影响仍在喀什噶尔逐步上升。据勒柯克1913年打听到的消息，总共曾有2 000名俄国士兵在喀什噶尔驻扎，而这名义上属于英国总领馆势力范围的地方却没有一个英国士兵。

当俄国的军官和士兵们示威性地出现，准备接手这个地区时，革命后的中国新统治者们却尽可能地将国家事务抛在一旁，而忙于捍卫权力和巩固地位。勒柯克于1913年5月17日给文化部长的信中写道：

250 | 喀什噶尔提督杨缵绪为德国人签发了地区通行证，据勒柯克说，这也包含了考古发掘许可。

正如我从各方面了解到的，这个国家自一年前起便完全安定了。那时，在沙漠北方边缘的绿洲中，每次总有一两个高官死于谋杀。新政府在这里成立后，至少这些都没再发生了。

可以理解，俄国人那时派了800人的军队来这里。但是我不明白，为何最近在没有知会中国人或者马继业爵士的情况下，又派来了新的军队。

我们亲眼见到两天前有一支哥萨克骑兵，一天前还有一队步兵（我数了一下有127人）开拔启程。我们与后一队步兵同行了一段路，因为其中有不少来自罗兹省的彼得库夫—特雷布纳尔斯基[1]的德国人，我们与这些饥肠辘辘、衣衫褴褛的人一道分享了面包、茶水和一些其他食物。在我看来，这些人几乎无法和欧洲军队作战，但在中国还没有人能够和他们对抗。即使有2 000名受过欧洲人训练的中国士兵驻扎在这里，而他们却没有枪支或者其他武器……我觉得毫无悬念，俄国人想要入侵这个国家。“占领从喀什噶尔到昆莫一带，将为他们提供最好的棉花种植地……为了不再完全依赖于美洲”，这是安集延一个商人的看法。

中国人，还有英国人都对私自入境的俄国军队感到非常恼火。马继业昨天将我们引荐给了提督，并解释了我们没有得到中方的通关文书便来到这里的原因。他还征得提督允诺，修书将我们到来的事知会同僚们，同时还给我们发放了面向下级机关的许可。如一切顺利，我们便可安心工作，直到俄国人入侵这个国家……（TA：5057起）

[1] 位于波兰中部的罗兹省。

俄国办事处一时便成了一处驻扎了几百名哥萨克士兵的小堡垒。而南门前瑞典教会工作站以及传教士和医生的那些小房子前，因安全考虑现在也筑起了一堵高墙。马继业，自1898年起便作为英国代表在此地工作，1912年成为了总领事，他将秦尼巴克原属瑞典传教士建筑师豪格伯格的小房子，改建成了风格独具的带有客房、医院、多个庭院与花园的领事馆。而索科夫和梅切谢尔斯基作为1904年退休的传奇俄国总领事培措夫斯基的继任者也都不是马继业的对手，如今他是当地最有威望的外国人。他的职责是与中方带军队驻扎在新城（英吉沙尔）的每任最高军事长官建立并且维持良好的关系，因而有能力搞定勒柯克与巴图斯的地方性通关文书和居留许可。曾将自己照片赠予勒柯克的当时最高级别官员杨缵绪向阿克苏及库车的地方官员作出指示，允许德国人停留并在此工作，这使得他们能够在那里待了好几个月。

251 | 勒柯克和巴图斯在克孜尔不得不解雇了这位从喀什噶尔来的厨子卡辛。两人都认为，他一定是巴图斯遭遇抢劫的幕后指使。

他们后来一定认识到了，依赖于一位当地官员的庇护，只能持续到另一位更有权势者提出异议为止。同时，一个新的麻烦出现了，而勒柯克却对此只字未提：在过去数年间的多次考察之后，特别是敦煌石窟中的文书被运走以后，中国的知识分子反对外国人进行考古活动的呼声渐高，新疆境内亦同样如此。

起初一切都按计划进行着。勒柯克与那位于1906年陪同他去过拉达克的帮手埃葛巴迪在喀什噶尔碰了面，他很高兴又能与这个可靠的男人一起工作了。不太幸运的是，他选了另一个助手（哈辛）和一个厨子（卡辛），却在考察结束前不得不解雇了他们。

当行李于5月21日到达时，准备工作也差不多完成了，取得通行证以后，他们大约于1913年5月31日启程东去。

考古工作的开始

德国人带着三辆车，载着工具、行军床、折叠椅、桌子、锅具等东西，用了很多天才穿越喀什噶尔东面的荒芜地区。因为天气

252 | 巴楚英属印度商人的阿克萨卡尔，一位克什米尔人，非常以他的小儿子为骄傲，他解决了勒柯克在此地的住宿问题。勒柯克在回程时也有几天住在他家。

炎热，他们总是夜间骑行，白天则在简陋的旅店中补觉。6月5日，他们来到了巴楚的小堡垒，而英国和俄国的总领事都已将他们的到来知会了沿途上信任的人。在巴楚，德国人经由一位英属印度商人阿克萨卡尔（克什米尔人）的介绍，在米拉普阿尤布的家中住了两天。这位乐于助人的阿克萨卡尔估计就是在这一地区拍摄的肖像照中多次出现的那位。他带着小儿子一道让勒柯克拍了照片，似乎非常为这个儿子感到自豪。他们从巴楚出发，于6月8至11日勘察了图木舒克的遗址。参观了道路北面的伯希和1906年的发掘地，再转头朝着道路南面的山脉去了。了解了大概情况后，他们决定将“中间的山丘”作为工作区域。不过，他们决定先去克孜尔，回程时再仔细考察图木舒克。

考察队伍继续上路，途经阿克苏时，他们在勒柯克1907年在叶尔羌结识的彭道台那里住了两天，然后才到了克孜尔石窟，这段路程总共用了10天。一路上蹚过了许多夏季涨水的河流，栖身于拥挤的客栈中。在还无法知晓克孜尔的壁画保存状况的那些天里，勒柯克必定十分紧张，因为这决定了此次出行的成败。他仔细观察了所有的变化，由于无论如何不能空手而归，便将感兴趣的所有东西都收集下来。他还试图将一位出行妇人的金饰买下，购入了地毯，并拍摄了许多人像照。进入克孜尔山谷后，他们又住在了农夫铁木尔位于大峡谷入口前东面的小房子里。勒柯克带着巴图斯考察了洞窟，并和他讨论揭取“十六带剑者窟”（克孜尔第8窟）两条甬道中供养人像的步骤。为了向官员报备这次考察，勒柯克于6月23日晚间独自去了库车。因大多数的东西看来都保存得不错，他大松了一口气。在1913年7月5日给馆长博德的信中写道：

> 可惜很多已被破坏得很严重了；但是我也欣慰地看到，虽然过去了七年，我最想带回的那些壁画保存得都还不错，足以成为我们吐鲁番藏品中的精品。（TA：5081）

253 | 勒柯克在库车时，为了给伊萨·汗的三位妻子拍照，只能将三脚架放在院子里，再让伊萨·汗自己摁下快门。那些来自费尔干纳的穆斯林不让妇女见外人。

勒柯克在库车住在一位俄国的阿克萨卡尔家中，他是费尔干纳突厥人的代表，名叫伊萨·汗。他前几年盖了一所漂亮的新房子，窗户用的甚至是玻璃，而不像普通人那样只是用油纸糊在窗框上。勒柯克这些天在他家宽敞的庭院中，给库车的许多居民拍了照。他还拜访了一些老朋友，也被朋友们邀请过。让他特别高兴的，是和库车的地方警察马克苏德·达罗加的会面，这是他在第三次考察时的随从，如今也准备再次为他工作。他们一道拜访了中方的官署。勒柯克向库车当地的主管部门详细汇报了那些变化。原本的办事大臣（驻扎大臣）被刺杀了，一位下级军官顶替了他的位置，如今行使着文官的职权。现在没有人再注重丝质的官服和礼仪了。与这些官员打交道并不顺利，而且他们会索要礼物。勒柯克可能是听从了马继业的建议，“给衙门里送去了两整套卡其色的西服、半打衬衣和领带、袖扣等一干配件……外加其他一些衣物”（LL：53页）。这些官员们便从善如流，遵循了喀什噶尔提督的指示，勒柯克也拿到了他

254 | 德国人途经巴楚地区时，总是会路过遗址。然而河宽水深，无法到对岸去。

与巴图斯在当地的居留许可。但他不得不说，这些新的当权者对他并没有如从前的一般友好。勒柯克很努力地获取当地所有权贵们的青睐，而且接着还收到了当地最高军事长官（统领）的邀请。他也去拜访了阿富汗及印度英裔商人的代表们。然后，勒柯克将钱和行李留在了伊萨·汗家，与马克苏德一道骑马去了趟库木吐喇，拜访他的老房东萨乌特伊玛目阿洪，可能还在家里住了一晚。他仔细观察了库木吐喇石窟和壁画的状况，当确认没有什么大的变化后，便彻底放轻松了。木扎尔特河有一长段紧挨着一些下方的洞窟入口流过，以至于小路有时会无法通行，而且多孔的岩石也会渗水。但是最精美的壁画基本都没有受损，只是有少许试图将壁画揭下的痕迹。房东告诉他，四位大谷考察队的日本僧人待在这个地区很长时间了，也考察了库木吐喇的洞窟。萨乌特还许诺给其中的吉川小一郎一个镜架（油灯？），后来却因一本《一千零一夜》将其赠予了勒柯克。他还卖给勒柯克一些文物，有硬币、印章、珍珠和铃铛，这些他原本也打算卖给日本人的。

勒柯克这里提到的是大谷考察队第三次探险的成员，他们于1910至1914年各自在库车地区活动。吉川小一郎应是在1913年来过库木吐喇，也许在1914年从和阗到伊犁途中再次绕道来了这里。勒柯克没有提到三年前，日本考察活动中唯一的英国成员，19岁的助理霍布斯在库车死于天花，他也很可能并未得知此事。

短暂停留后，勒柯克于27或28号回到了库车。为给三四十个工人发月饷，他在伊萨·汗的帮助下，将俄国货币换成了许多箱的中国铜钱。随后，他于6月30日乘马车离开了库车去往克孜尔。途中他还看了一眼克孜尔尕哈的几个洞窟，认为这里离城市太近而没有考察的价值。7月1日，他回到克孜尔石窟与巴图斯汇合。

255 | 伊萨·汗是费尔干纳突厥人的阿克萨卡尔（代表），是库车当地一位有名望的人。勒柯克1913年于库车停留期间住在他家。（下左图）

256 | 这片墙皮上的壁画中，有绘于一块织物上的释迦牟尼佛传故事画（插图180），是“摩耶夫人窟”（第205窟）中一个大型场景的一部分。它于1926年在博物馆第四大厅的8号隔间中展出，可能也在那里被烧毁了。（下右图）

在克孜尔"抢救"壁画

接下来的十二天里，勒柯克因为严重的腹泻必须卧床休息，巴图斯则继续切割着"带剑者窟"（第8窟）和"红穹顶窟"（第67窟）的大部分壁画，并且将它们打包。勒柯克的健康状况着实令人担忧了好多天。来往于喀什噶尔、库车和柏林之间电报的只言片语，让朋友和同事们都捏了把汗。一个瑞典教会的医疗队从喀什噶尔赶了过来，但是后来没有派上用场，因为勒柯克最终自己慢慢从当时已不危急的病症中恢复了过来。他指挥着一大队民工将第66和67窟前的一处沙堆铲平，那里几年前发现了贝叶的写本。他本想要找到更多，但是除了一些小碎片，什么也没有见到。勒柯克还没有完全康复时，这两个德国人便得到了关于喀什噶尔一起令人不安的谋杀的消息。他们的庇护者，当地的提督将一个不喜欢的官员除掉了。马继业提醒他们要小心一点。他们还是决定冒着风险继续留在克孜尔，

257 | 来自哈拉和卓的水官买买斯提是第二次与第三次考察中最受勒柯克青睐的随从，还与他一道在克孜尔有格状天花顶的那些洞窟前拍了照。1913年，勒柯克原本还想找他一道工作。但是他派儿子玉素普前来告知，因年事已高，他不能再参与工作了。

并且加快了工作速度。他们觉得这些壁画留在当地将不再安全的想法愈加强烈。为了完全消除这些顾虑，他们便将那些大一点的单个图像从整幅画面中揭取下来，并带回了柏林。

虽然新疆自1911年辛亥革命以后，经历了一段不太平的日子——谋杀中国官员、打家劫舍、盗窃如瘟疫般蔓延开来，自1907年起还发生了多次地震，而勒柯克1913年却发现，库车地区大多数壁画的保存状况几乎没什么变化。

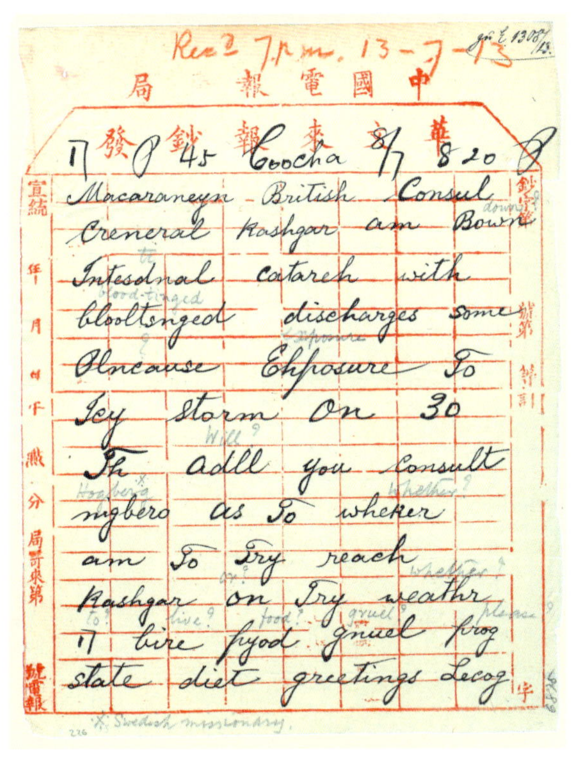
Rec'd 7 p.m. 13-7-13

中國電報局

華文來報鈔發

17 P 45 Coocha 8/7 8 20 P

Macaraneyn British Consul

General Kashgar am Bown

Intesdnal catarch with

blooltenged discharges some

Olncause Ehposure To

Icy storm On 30

Th addl you consult

nigbero as To wheker

am To Try reach

Kashgar on Try weathr

17 bire fyod gnuel frog

state diet greetings Lecog

258 | 1913年7月29日，一封电文抵达柏林，带来被严重曲解的消息，称勒柯克病得非常严重，大家因此都非常担心。但是警报很快解除：勒柯克从他的“出血性肠炎”中逐渐得以恢复。

在罗曼蒂克的山谷中，我们忐忑地从陡峭的小道一路看下来，这些石窟寺会成什么样子了？地震、当地的寻宝者和毁画者，还有其他的考察队都可能已经将壁画破坏或者带走了。真是令人紧张的时刻——我们立刻骑马去了最重要的石窟，接着很高兴地发现，那些壁画都还在，然而在此期间也没变得更好。（LL：51页）

勒柯克究竟如何将其“拯救行动”中的破坏行为完全忽略，又如何完全清楚地分辨出他自己的、俄国人的和日本人的工作痕迹？至今还令人感到惊讶。虽然几百年来，地震与滑坡造成大量洞窟坍塌，但勒柯克应该依然能认识到，自然破坏的进程发展得并不快。然而他却异乎寻常地热衷于讲述暴风雨、落石以及洞窟的垮塌，还有他自己所遭遇的病痛、负伤、偷盗与不适。所有的一切都让他坚信，必须要将这些价值连城的文物从危险以及反圣像崇拜的居民手中拯救出来。在他所有戏剧性的描述中，却也搞错了一些事情。在他们切割下一处石窟残破穹顶上的壁画后，这个洞窟便坍塌了一部分，但这并不是勒柯克所说的亚洲艺术博物馆中复原的“飞鸽衔环窟”（第123窟），如今“飞鸽衔环窟”的原始洞窟还能在当地看到，而他提及的可能是位于附近的第129窟的穹顶。有些记录也许是出于虚荣或是为了向资助者邀功。

259 | 每次都要花很长时间将沉重的箱子固定在骆驼背上。勒柯克一想到回程运输，便十分紧张。必须要反复考量，选择应该走哪条线路。

8月3日，勒柯克和巴图斯已经装满了36个箱子，也确定了一批要从其他洞窟中带走的壁画。巴图斯独自与本地的助手们继续工作，胜任看似不能完成的任务让他很有成就感。他用长木棍支撑着拱顶，用绳索和杆子搭起脚手架，计算切片的大小，既不能将人脸部或身体切断，还需要保证每块大小相当，在图像的边缘钻或凿出尽量小的孔，让薄薄的锯子可以穿过，再用钢丝锯或者狐尾锯小心翼翼地将黏土层与较软的岩层分离开来。用这种方法从岩石上分离出来的壁画，跟以前一样放在铺了棉花和干草的板上，然后再一层层地放上壁画，壁画之间都用棉花和干草隔开，最后捆成一包放入上下都填充了草秸的箱子中。

饮食与疾病

20世纪初的这些旅行者们远离了家乡舒适的生活状态，对于他们而言，旅途的艰苦、不习惯的饮食和恶劣的卫生条件都是持久的危害，考察队员寄回柏林相当多的信件中都提到了身体不适也就不足为奇。

冬季北极般的气温、风暴，加上客居四面透风，人很容易感染风寒，而风湿病痛、膀胱炎和肠胃疾病也随之而来。夏季肉类、水果容易腐败，饮用水也会变质。就算是被描述为拥有铁打的身体的巴图斯，也曾因伤寒病痛在床上躺了好几天。涂了水银药膏的纸条放在夹克口袋中用来防跳蚤，而苍蝇和蚊子只能用帐子来防护。他们自带了折叠床和软木床垫，睡觉时，便在上面挂上帐子，但有时还是会因蚊虫叮咬导致发烧。格伦威德尔经常胆绞痛，勒柯克有视力障碍和牙疼的毛病。所幸这些德国旅行者没有遭遇什么事故，除了勒柯克抱怨过，一次被马踢得挫伤和因道路崎岖颠得背疼。

格伦威德尔经常告诉妻子他的身体无恙，而勒柯克则是频繁地休养。他总是四处游走，经常去拜访那些当地人，这让他容易有肠胃上的毛病。饮用水也是个大问题。冬天还能携带冰块，夏季只能安排一队年轻的农夫用水囊运水。这些柏林人一定也多次体会到了，这水不一定都是干净的。每次考察他们都聘请一位厨子来为他们准备新鲜的饭菜。多数时候是羊油拌的米饭加蔬菜，有时也有肉配上面包。鸡蛋和水果使得膳食完善。喝的大多是茶水，也有一些咖啡。勒柯克总是从德国带几瓶酒来，通常买的是阿拉克酒。

如果他们其中一个病重，就会给喀什噶尔发电报，那里瑞典教会的医生会给出医疗建议或者派遣一支小的医疗队过来。

在库车周边地区：苏巴什、森木塞姆、库姆阿里克和玛扎伯哈

8月的第一周结束时，勒柯克决定前往库车。据他所言，虽然他的身体十分虚弱，但还是带着马克苏德出发去进行短期勘察了。先是在库车的伊萨·汗家待了几天（8月9至12日），然后骑马去了16公里外的苏巴什，那里是一个古代的寺院城，有大量的地面建筑分布在库车河两岸。勒柯克考察了这里的建筑遗迹和几个石窟。而他在这里的工作也确实不顺利：与在他之前来的伯希和一样，他抱怨被大雨一次次冲刷后又被晒干的黄土硬得像石头一样，完全无法探查。土坯墙体由于潮湿而和地基粘成一体被烤干，瓦砾也凝结成硬块，完全没法找到东西。而他对城池北面一处石窟遗址的考察比较顺利。与伯希和不同的是，他放弃了测量工作，在他的档案中完全没有尺寸记录。

勒柯克花了一周时间在苏巴什，主要都待在城北的石窟中。每进入一个洞窟，都必须很有耐心地把洞窟入口从碎石中清理出来。随后，他回到了库车。8月23日，又从那里出发，短时间参观了位于

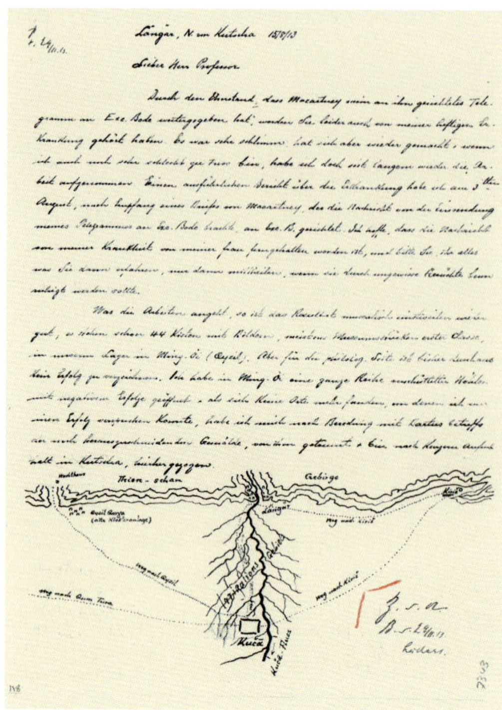
Längar, N. von Kutscha 15/8/13

Lieber Herr Professor

Durch den Umstand, dass Macartney mein an ihn gerichtetes Telegramm an Exc. Bode weitergegeben hat, werden Sie leider auch von meiner heftigen Erkrankung gehört haben. Es war sehr schlimm, hat sich aber wieder gemacht, u. wenn ich auch noch sehr schlecht zu Fuss bin, habe ich doch seit langem wieder die Arbeit aufgenommen. Einen ausführlichen Bericht über die Erkrankung habe ich am 3ten August, nach Empfang eines Briefes von Macartney, der die Nachricht von der Einsendung meines Telegrammes an Exc. Bode brachte, an Exc. B. gerichtet. Ich hoffe, dass die Nachricht von meiner Krankheit von meiner Frau ferngehalten worden ist, und bitte Sie, ihr alles was Sie davon erfahren, nur dann mitzuteilen, wenn sie durch ungewisse Gerüchte beunruhigt werden sollte.

Was die Arbeiten angeht, so ist das Resultat [illegible] einstweilen wieder gut, es stehen schon 44 Kisten mit Bildern, meistens Museumsstücken erster Classe, in meinem Lager in Ming-öi (Qyzil). Aber für die philolog. Seite ist bisher durchaus kein Erfolg zu verzeichnen. Ich habe in Ming-öi eine ganze Reihe verschütteter Höhlen mit negativem Erfolge geöffnet, u. als sich keine Orte mehr fanden, von denen ich mir einen Erfolg versprechen konnte, habe ich mich nach Beendigung [illegible] der noch herauszuschneidenden Gemälde, von ihm getrennt u. bin, nach kurzem Aufenthalt in Kutscha, hierher gezogen.

260 | 勒柯克于1913年8月15日在苏巴什做的记录，其中包含了绘有交通线路和地名的库车绿洲地图。他只描述了苏巴什的少量建筑。

库姆阿里克的千身之父穆斯林礼拜清真寺，那里也有一片带有佛教窣堵坡的遗址，他后来又两次来到此地。这次他暂且往前去了库车东面的克日西，在那里的伊德利兹·阿訇家住了大约十天。因为正处于斋月（约8月9至30日）的最后一周，勒柯克没能找到愿意工作的人，所以他便利用这段时间骑马游历。

1906年，格伦威德尔曾中断了在克日西北面山谷森木塞姆石窟中所谓的带状动物纹饰窟中的工作。按照与俄国同行的约定，这里与库车还有苏巴什，是要留给俄国人的，因而格伦威德尔与他的考察队去了硕尔楚克。这次应该没有什么约定能阻碍勒柯克在这里细致地巡视一番。特别有意思的是他发现了“骑士窟”中几乎被熏黑了的壁画。他试着用酒来清理，想看看是否值得把它们切割下来。无论他努力的结果如何——今天柏林的亚洲艺术博物馆中有许多那个洞窟主室右壁的壁画，而专家们多年来都还在努力将它们清理干净。他还勘察并拍摄了这里其他一些洞窟，接着便去了上次考察短期停留过的玛扎伯哈。与从克日西带来的工人们一道，将他在玛扎伯哈所有能找到的石窟，都从1米高的沙土中清理了出来，还绘制了一幅主山谷的粗略示意图。这里有特别多的石窟寺院，有些也有壁画。时至今日，

261 | 在库姆阿里克千身之父遗址的寺院区域考察期间，勒柯克住在教长家中，由教长的母亲为他准备食物。从花园中能看到残存的窣堵坡以及新建的穆斯林圣地。

博物馆中来自玛扎伯哈一个宝座上的狮形木雕椅足仍令人赞叹不已。

在穆斯林的肉孜节后不久，勒柯克于9月2日停下了玛扎伯哈的工作，又回到了大约两周前去过的库姆阿里克。他住在清真寺的教长那里，与从克日西带来的工人们一道考察佛教遗址。这项工作结束以后，他尝试在库车联系运输箱子的马夫。车辆运输的价格对他来说太高了，经过一番讨价还价后，他最终租下了35头骆驼和两个赶骆驼的人，将在克孜尔已经打包好的70个箱子运往喀什噶尔。

从9月21日寄给格伦威德尔的信中可知，勒柯克在此期间已经获悉，驻乌鲁木齐的新疆最高官员“将在中国土地上发掘的外国人视为敌人”（TA：5118）。因此，他不敢将这70个箱子按原计划经由乌鲁木齐寄走。而且他也已经知道，给他发放通行证件的喀什噶尔的那位提督已经不再任职了。如果勒柯克他们曾受过他的保护，而如今肯定不会再有这样的待遇了。这突如其来的变故，加上他们所需的一切都变得高价，对于勒柯克来说是一个征兆，即局势已经变化，他们在这个地区不再受到欢迎。德国人对于所有与他们打交道的人来说，也成了一个安全隐患。勒柯克最晚应该在库车的谢大人（军官）试图杀掉他的房东阿克萨卡尔伊萨·汗的时候便明白了，只有库车当地的居民能出手阻止这些事情。即便如此，勒柯克依然相信，凭借他的能言善辩和个人魅力还能够争取时间。

262 | 勒柯克在玛扎伯哈（阿及里克）发现的两个6世纪的木质狮形饰，原本可能是用来装饰佛像狮子座的椅足。

苏巴什

库车以北20公里，离苏巴什村不远处，大片的遗址坐落于库车河的两岸。即使今天从远处看去，依然像一座完整的城池。而当人们走近，便能辨认出单个的遗址及其间堆积如山的坚实瓦砾。河流在一条宽阔的鹅卵石河床上流淌。夏季，洪水上涨，河水会向两岸泛滥出几百米去。2至12世纪，这里都是佛教僧团的一处中心。据说著名的翻译家鸠摩罗什大师于4世纪出生在这里的昭怙厘大寺中，并度过了他生命中的前九年。许多高墙围着的区域，过去曾耸立着高大的寺院建筑和窣堵坡，而如今大部分都坍塌了。早期窣堵坡带半圆形覆钵和方形台基的样式，以及巨大的阶梯状窣堵坡还能辨认出来，特别引人注目的是位于西岸的一座带着斜坡台阶的窣堵坡。

许多建筑以前肯定都装饰有绘画和雕塑。勒柯克于1913年第一次来到这里时，只找到了少数足够完好并能拍得出反映清晰建筑结构照片的遗址。在他之前，日本大谷考察队于1903年7月，别列佐夫斯基兄弟于1906年2月，伯希和于1907年6至7月以及奥登堡于1909年都在这里待过一段时间。伯希和测量了许多建筑，除了一些陶瓷器以外，主要还找到了208件书写于杨树木版上的佛教写本（优陀那品）残片。如今那里的遗址被一圈保护墙围了起来。可能除少数例外，大多数对这一片遗址的研究计划都失败了。

263 | 当夏季涨水时，有好几周都无法到达库车河东岸的苏巴什遗址。那里有不少带大型窣堵坡的区域以及许多小型建筑。河两岸的遗址在古代是否属于一个辖区还不清楚，但是很明显这里的寺院遗址分属两个不同的传统。

264 | 来访者用不同文字（婆罗米文和佉卢文）书写的这两行吐火罗语和犍陀罗语题记，是勒柯克让人从苏巴什一个洞窟中切割下来的。

265 | 苏巴什山上一个礼拜窟中，有一个曾有坐佛的像龛装饰着城垛形边饰。其左右两侧是深入山体的两条礼拜道。

266 | 耸立在西岸边的一座带有长台阶的阶梯状佛塔，至今还远高出其他建筑。这是一座多层窣堵坡，在其台基上有方形塔身，上面可能还有一个覆钵。

267 | 方形基座覆钵形窣堵坡是传统的佛塔样式。塔身的槽孔表明，这里曾经嵌入了许多物件，可能与木质栈道、木顶棚以及用木楔固定的塑像与装饰有关。

268 | 这处紧挨着岸边的四方形高墙是苏巴什西岸一处引人注目的建筑群。墙内曾有一座窣堵坡、一座殿堂和许多紧挨着围墙而修的建筑。

库姆阿里克的千身之父遗址

"千身之父"这处圣地,20世纪初还能在库车东面地界往克日西方向的路上看到,那里原本有一座佛教的大型窣堵坡和一些各自独立的建筑。穆斯林时代,大约在那些佛教寺院被摧毁之后,在距离原址很近的地方建了一所清真寺,并沿用了这个地方的原名。在这处古老神殿的庭院中,勒柯克发现了由石头环绕、依照麦加圣地建成的祈祷处。不过当地的穆斯林似乎并没有去破坏佛教圣地的残余部分。

这处遗址流传下来的名称,说明了这里曾经礼拜的是陪伴人们去往西方极乐世界的观音菩萨。观音菩萨用他的千手千眼普度众生,在中亚地区大约6世纪起广为人知。在一推测为6至8世纪唐代的大型塔庙之下的地穴中,找到了一尊小的无头木雕观音像和一段泥塑的天王躯干。

269|这段彩绘天王躯干发现于一座有观音像的大窣堵坡地穴中。

270|被称为"千身之父"的大型塔殿,1913年还剩下好几米高的残迹。勒柯克考察了旁边紧挨着的一处寺院的残垣断壁。

271 | 这处殿堂八边形的残迹中，有一个残存一方像座的房间。此处应曾有一尊大型观音像，如今在博物馆中的天王（插图269）可能是其护法。

272 | 勒柯克在挖掘过程中，发现了寺院中成列的小房间或者禅室，此外还有两座损坏十分严重的窣堵坡。

273 | 还不清楚这处沿用了过去佛殿名称的近代穆斯林圣地是何时所建。

274 | 在观音殿的庭院中，有大量用碎石围起来的一个个穆斯林祈祷点，说明当地的穆斯林并没有对能见证其他宗教的事物表示反感。

森木塞姆

森木塞姆山谷坐落在克日西村以北几公里处，苏巴什西面的却勒塔格山脉南麓。从古代商道上，经小路穿过一座不太长的峡谷，便进入了一处几乎是环形的山谷。一条溪流在这里拐了个之字形大弯，也为此地提供了必要的水源，形成一个小型僧团理想的隐居之所。山崖上找到的54个洞窟中，没有僧房窟，僧人应该是住在山谷中的小屋里的。而如今在山谷中央只有少许土坯建筑的残迹。其中一座窣堵坡的残余部分立于山谷北崖中央的前方。新的研究表明，这座窣堵坡是正对这处遗址中最大的礼拜窟——南面的第11窟建的，其券顶下曾有一尊如今已毁的立佛巨像。过去可能从山谷中的每座建筑中，都能看到这两处设施。这处寺院遗址大约是从500至650年，以及950至1000年间为佛教徒们所用。

275 | 格伦威德尔曾将今森木塞姆的第41窟称为“婆罗门窟”或者“双金刚力士窟”。像龛两侧壁面上各有一金刚力士，而在用树叶和树枝搭建的小屋前也都坐着一个婆罗门。

276 | 古时的僧侣能从北面的山上，越过如今已毁的那些窣堵坡，一直看到山谷的入口处。

277 | 山谷北部边缘地带有一连串的小山丘，每个上面都凿出了一两个礼拜窟。其中大多数有克孜尔风格的壁画，也就是说窟顶上是菱格山景，壁面上绘有说法和礼拜图像。

278 | 勒柯克和巴图斯于1913年将“饿鬼窟”（森木塞姆第46窟）中穹顶的一部分揭取了下来，而中央的莲花则留在了当地。

279 | 从西面延伸入山谷中的一条山脉顶峰上有更多的洞窟。第26窟是一个于6至7世纪开凿的装饰华丽的中心柱窟。值得一提的是，甬道顶部雕凿成弧拱楣状，长条带状花饰围绕着各幅壁画，也装饰在甬道门楣上。

280 | 森木塞姆最大的洞窟（第11窟）位于山谷中心那些低处洞窟后面高耸的南侧山崖中央，里面曾有一尊巨大的泥塑佛立像俯视着整个山谷。

281 | 举目西眺，森木塞姆谷中山景看起来就像月球表面。从中央古老的窣堵坡遗址远望，只能见到山谷中央的少数洞窟，那些多是中心柱窟。

玛扎伯哈

克日西村南面几公里处坐落着玛扎伯哈遗址，这是库车地区最东面的寺院建筑。在一处高的与许多较小的山丘上，有44个洞窟开凿于砾岩崖壁之上。玛扎伯哈的特色是挖出了许多大的长方形前室，今天全都没有顶了，也许其中部分就从未有过。这些大的前室通常都有两处通道：一处是一长条形深入岩体的灰暗厅堂，可能用作禅室；另一处可经一条弯曲的甬道通向僧房，而房间通常位于山体的另一面，有一扇窗。除此之外，这里有两个中心柱式礼拜窟，还有一些无法断定其功能的洞窟。只有少量壁画在玛扎伯哈保留了下来。据最新的研究认为，这里是库车地区最早的佛教石窟，时间跨度应该在300至650年间。

282 | 因前室的顶部残毁，一缕阳光照进玛扎伯哈这个中心柱窟的主室中部像龛以及左右礼拜道。

283 | 如果在山体中打出一条长长的隧道，有时便建成了一个带明窗的禅窟，而窗户的开口在山体的另一面（第18窟）。

284 | 除了最右边有长条木门槛的那个洞窟（第1窟），工人们还清理出了这处遗址中的另两个典型洞窟（第2、3窟）的前室。一个禅窟（右）有大概12米长深入山体的狭长甬道，僧人要从那里再穿过弯弯曲曲大约5米长的通道才能到达他的居室，室内有道2米长的窗台通向崖壁另一面的明窗。

285 | 玛扎伯哈的洞窟开凿在质地松散的岩层上，其密度仅刚好够开窟。这种疏松的砾岩风化很快，以致随着时间的推移，这些洞窟（第2、3以及8至10窟）被埋没在自身垮落的碎石之下。

286 | 勒柯克和工人们每天从过夜的克日西出发，前往玛扎伯哈北面的丘陵地带，因而时间一长，路上都踩出了痕迹。

287 | 僧房窟（第7窟）窟前平地上，可能曾有简易的用柱子支撑的顶棚。

288 | 僧房窟的首要问题应是在冬季如何抵御冰冷的寒风。透过右边小窟（第15窟）毁坏的外墙我们能看到一间带着小壁炉的居室。

最后的工作及回程

在骆驼前往克孜尔的途中，勒柯克也很快离开了库车。他于9月20日抵达克孜尔，便看到巴图斯在那里病倒了。隔天，他们一道将箱子装上了前往喀什噶尔的驼队，接着又很快回到库车。无法得知他们是否在那里停留，以及停留了多久，也可能只是很短的几天时间。勒柯克也许觉得，通过一些善意的行动，如走访达官显贵以及参加当地的活动，便能在一定程度上融入当地社会。无论如何，他在这些天中，对鹰猎和驯鸟有了极大的兴趣，甚至购入了3只猎鹰，并打算以后带回去。如今他像以前停留的那几次一样，在库车逛集市，期望能为他的民族学收藏寻获有趣的器物，他还购买了香料和水果，后来将这些水果的果核带回了德国。只有勒柯克想让巴图斯帮忙时，他们才会一起出现在某处。他们先去了库姆阿里克，然后是苏巴什，这两处如今也被称为东城。而湍急的河流阻拦了勒柯克的最后一次前往。从9月底至10月中旬，他们住在克日西，方便从那里去森木塞姆和玛扎伯哈工作。他们在森木塞姆揭下了大量的壁画和一处精美的穹顶。

289丨夏季傍晚凉爽一些的时候，农民们喜欢坐在屋前。他们明显很享受与陌生人的交流，这能给平淡的生活带来一丝新意。

库车地区的最后一处工作点应该是库木吐喇。格伦威德尔和勒柯克在之前的考察中，主要对这里龟兹早期风格的壁画感兴趣，这种风格的表达方式以及图像志都受到了印度—伊朗图像传承的影响。在柏林整理资料期间，他们确定了库木吐喇各个洞窟配置的不同之处，还了解并认识了在库木吐喇也能找到的唐代汉与回鹘的因素。勒柯克便计划在这里停留久一点，但还是有其他事情发生了。

10月中旬他们骑马从库车去往库木吐喇，不过只在1906年的房东萨乌特伊玛目那里住了一两天。他们平静地工作了几天，主要是在格伦威德尔来过的“涅槃窟”（第12窟）中考察。接着，麻烦便出现了。房东不愿再提供食物和喂养马匹的饲料，当地的居民也一致拒绝为他们服务。因此他们搬到了第16窟“紧那罗窟”中，这是格伦威德尔根据在里面

290丨男人们在库车的农贸集市上讨价还价，交流最新消息。村里的屋舍常用架子和席子扩建出来，以便有更多圈养牲口及储藏的空间。这样的搭建方式虽然很不稳当，却也持续了数百年。

发现的一处女孩和鸟的结合体而命名的洞窟。该窟与旁边的两个洞窟有个共用的小前室，在这里住得不错，还能存放东西。然而，另一个问题是，他们找不到劳动力了。幸亏从克日西带来了4个工人，还派人去那里另外找了25个人，这些天他们的进展还不错。直到10月20日，驻扎在库车的军队最高长官拜访了他们。表面上虽然很客气，却暗中威胁恐吓工人们，迫使这些克日西的农民们辞掉了在德国人这里的工作。如今除了回去，勒柯克和巴图斯也没有别的办法了。他们放弃了最后在“飞天窟”（第45窟）中的工作，将切割下来的壁画和行李都打包好，大约于10月29日回到了库车。

在此期间，驻乌鲁木齐的都督可能听说了德国考察队在这个地区的活动，而他们的工作曾由如今已失势的前喀什噶尔的提督支持。由于这位都督对此十分愤怒，库车的长官就想让这些不受欢迎的客人尽快消失。通常的办法就是，给曾经受到重视和尊重的客人制造生活上的困难，迫使他们离开。像提高食物和饲料的价格，找不到住宿以及运输工具这些问题，勒柯克和他的同事们

291 | 1913年10月，勒柯克和巴图斯在库木吐喇的“紧那罗窟”（第16窟，左）居住和工作了大约十天。他们凑合着用一幅帘子将入口遮住。

292 | “飞天窟”（第45窟）的底部部分装饰着一条绘有篱笆和花卉的边饰，勒柯克和巴图斯在这里度过了在库木吐喇的最后几日。明显看得出这幅中式风格的壁画来自10世纪。

在此之前都没有提到过。过去遇到困难时，无论哪里的人都会热心帮忙。但是如今他们发觉，这些优待已成往事了。我们无法知晓，新疆都督的不满是针对德国人的考古活动，还是出于他们违反了革命前的居留规则。

除了计划尽快回家，德国人别无选择。他们将计划告知了那位官员，从这一刻起，人们便热心地帮助他们打点行程了。在伊萨·汗家的院子里，他们以最快的速度打包了收获。但是勒柯克并没有就此作罢：在巴图斯还在钉箱子的时候，他于11月3日离开库车进行了最后的一次勘察。

轮台位于向东通往喀喇沙尔的路上，虽然去那里要两天多时间，勒柯克还是骑马去了，并用生动而充满感情色彩的语言来描绘了那里的遗址。轮台如今还位于一条穿越塔克拉玛干的沙漠公路与一条沿天山的重要线路的交汇处。可想而知，这里在古代也是一处商队的落脚之地。

293 | 阿克苏最高级别的官员彭道台。勒柯克于1906年在叶尔羌与之相识，那时他在那里任职。1913年，这两个德国人途经阿克苏时住在他家。

然而，勒柯克失望地在那里只找到了一处没有房屋保留下来的四方高墙。11月9日，在他回到库车后，骆驼便载着47个箱子上路了，而勒柯克和巴图斯在告别宴后，也动身翻越托克拉克山口经拜城向西而行。

那应当是一幅罕见的画面，小小的驼队在当地百姓们的陪同下离开了库车，缓缓爬上库车峡谷西面边界处连绵的山丘。勒柯克后来讲到，他在去往阿克苏和图木舒克多日的骑行途中，一直将在库车买的最大的猎鹰架在手上。他们带着这两只鸟翻越帕米尔高原，在安集延将它们托付给了一位列车乘务员喂养。事实上，它们活着到了莫斯科，勒柯克后来将其中之一送给了柏林动物园。根据动物园的记录，它们经历长途跋涉依旧幸存，然而仅有一天。

勒柯克和巴图斯首先来到了阿克苏，与来时一样，他们在中式的新城中拜访了彭道台。这位道台再次非常友好地招待了他们。他甚至受勒柯克所托在洛浦地区为其购买了一块虎皮。作为报答，勒柯克许诺送他一支“短猎枪”，但后来当然是没有办法

294 | 轮台附近有许多这样中空的四方围墙，几个农民坐在旁边。至今还没找到任何证据能说明这里过去是屋舍，可能是士兵的避难所或是商队的避风港。

295 | 要建这样的草屋，首先要挖一个大约1米深的坑，然后用一捆捆的草秸搭起。小屋本身加上用秸秆架起的平顶，总共约2米高。巴图斯和勒柯克在图木舒克工作时，便睡在这样一座草棚里。

从德国寄来了。这块虎皮后来被赠予了法兰克福的森根堡自然博物馆。他们从阿克苏去了图木舒克遗址，于12月4日抵达。当巴图斯在遗址中考察，运送箱子的驼队向喀什噶尔继续缓慢前行时，勒柯克带着行李去了巴楚的英国阿克萨卡尔的农庄。

12月10日，勒柯克又回到了巴图斯身边，和他一道考察了图木舒克塔格遗址。这处考古区域囊括了位于多个山脊上的一连串遗址，这些遗址之间，有一条古代由喀什噶尔通往阿克苏的商道穿越而过。在德国人到来的几周前，斯坦因勘测了距离这条路最远的山丘上的拉尔塔格遗址。而伯希和于1906年，在路的北面托库孜萨来的山丘上进行了长时间的发掘，挖出了一系列窣堵坡建筑。伯希和也短期来过道路南面的图木舒克塔格，还绘有一张露出地面的墙体的草图。他已注意到许多建筑是佛寺遗迹，部分遗址可追溯至4世纪以前。一些建筑后来被改建成了穆斯林的墓葬，在托库孜萨来这种情况尤其多。巴图斯如今在清理图木舒克塔格崖壁上的三处平台，都是他们在来时途中便定好的工作点。

勒柯克主要在东面和西面的区域发掘了寺院殿堂建筑遗迹，这些殿堂曾有大量雕塑装饰和壁画，相互间以台阶和通道相连。巴图斯在这总共一个半月的工作中，主要在黏土地层中搜寻到了一些原应立在沿建筑走向安放的底座上的精美泥塑，另有许多木雕以及一些重要的写本残卷。带到柏林的一件非常特别的礼物，是一方雕有许多象头的八角形佛像基座。

大约在12月17日，勒柯克为筹备将箱子运往欧洲的事宜，骑马去了喀什噶尔。

伯希和——一位极为缜密的研究者

汉学家伯希和（1878—1945年）是在一次法国官方资助的考察中被派往新疆的。随行的还有医生及自然科学家路易·瓦扬和摄影师夏尔·努埃特。他们从1906至1908年考察了位于丝路北道上的喀什噶尔、图木舒克、硕尔楚克、库车和吐鲁番等地的遗址。伯希和遗留下了大量地图、照片以及记录，这些资料都只发表了一部分。他在一些地方停留数月并且做了格外细致的工作，其成果是重要的研究基础。作为法国远东学院的工作人员，伯希和自1901年起生活在河内，也曾去过北京，能说流利的中文并精通多种语言。除了建筑遗址，他主要关注的是写本。伯希和的名字总是和敦煌藏经洞的文物联系起来。在斯坦因首次从道士王圆箓手中购得写本和绘卷的几个月后，伯希和便来这里停留了三周。当助手们在洞窟中记录着丰富的图像时，他坐在文书堆积至窟顶的小洞窟地上，就着烛光翻阅文书。这样，他对那些藏经的内容便有了基本的认识，因而买到了如今藏于巴黎的那些重要写本及绘卷。

图木舒克

大约在喀什噶尔东面250公里处，巴楚地区的图木舒克村中，坐落着丝路北道上最西面的佛教遗址。今天这里是属于新疆生产建设兵团的一处聚居区，只能持特别许可进入。

这里佛教建筑的位置和此处的地貌有关。那些商道自柯坪黑尔塔格山下荒芜的戈壁滩起，穿行于拔地而起、高至1 700米的群山间，通向叶尔羌河和喀什河流域。如有人从喀什噶尔或者叶尔羌前往阿克苏，或者想经由喀拉铁克山后面的那些山口，前往吉尔吉斯斯坦的伊塞克湖，都需要经过此地。因此这里大约自4世纪起便兴建了许多寺院。最晚至7世纪的早期建筑的艺术风格与犍陀罗地区，即今天的巴基斯坦或阿富汗的建筑艺术有着十分紧密的联系，与克孜尔的早期洞窟也有关联。后来，人们修建了与喀喇沙尔地区类似的礼拜建筑，以及具有东亚风格带高大背光的佛像与供养人列像。晚期的活动可能延续到了10世纪。

伯希和于1906年10至12月第一次在图木舒克进行了考古调查。他主要研究了托库孜萨来的遗址，那里有一座带中心塔柱的寺院，在佛教时代结束后，变成了一处穆斯林圣地。几个月后，斯坦因也来到了这个地区。虽然他原本寻找的是自天山前的丘陵通往和阗及叶尔羌的古代商路，但也去考察了拉尔塔格山的遗址。勒柯克与巴图斯的工作重点主要在图木舒克塔格遗址。

296 | 农民们在图木舒克塔格的堡垒下方割秸秆。勒柯克和他的工人们在此逗留期间也用它来搭建房屋。

297丨勒柯克和巴图斯从图木舒克塔格的发掘点，越过有古代商道的平地能看到上方托库孜萨来的山崖，他们的法国同行伯希和于1906年在其山脚下工作过。

298 | 勒柯克于1913年便拍摄了在图木舒克发现的这件写本，并将其寄给了同事。这是一件图木舒克—塞语文书（BBAW TS25），以印度婆罗米文书写。

299 | 曾有一尊佛像立在这方装饰有许多象头的像座上。勒柯克将这件雕塑带回了柏林，如今还在那里。这样暴露在外的易碎物件如今在当地应该没有了。

300 | 图木舒克塔格东面一处被烧毁的寺院中，黏土浮塑的圆形莲台、忍冬边饰以及三角垂饰装饰着一处壁面基坛。

301 | 有塑像的小佛殿中，紧贴着两侧壁的长条基坛上，各自立着三身塑像。

302 | 图木舒克塔格西面有塑像的小佛殿建在一个有几级台阶的台基上。可见泥塑靠墙而立（插图301），正壁设有较高的基坛。

303 | 图木舒克塔格东面有一处小型殿堂遗址，壁面底部绘有成列的供养比丘形象。

鹰猎

德国人在图木舒克期间，如后来勒柯克所述，他参加了一次鹰猎活动，是在恰尔巴格附近平坦的沼泽地带猎野鸡。这项运动十分对勒柯克的胃口，他也很乐意学习这门技艺，即便在停留期间只能有少量时间参与。那时在半游牧民族性质的东干人中，十分流行用鹰来猎取小动物和野鸡，因为这是获取食物的方便途径。

马克苏德经常和巴楚的东干人一道带着鹰隼去打猎。他们主要是用这王者般的鸟儿来猎取狐狸、狼和野猪。当野兽逃跑时，这些人便放出鸟去。它不像老鹰般在空中展翅飞翔，而是如离弦的箭一般向猎物冲去。

它一靠近猎物，便去啄它们的臀部，如果狼或者狐狸愤怒而惊恐地转身，隼便再攻击它的颌骨两边。骑马的人接着跟上刺死猎物。（LL：142 页）

304 | 勒柯克特别喜欢这种拟游隼，甚至打算带回德国。

鹰猎自古以来便是草原上流行的风俗，在蒙古和西伯利亚至今依然保留着。隼、苍鹰或雕被用于在开阔的地面上猎取小型动物，主要是野兔。为了提升它们的捕猎本能，在狩猎之前这些鸟只能得到很少的食物。猎人骑马带着鸟去往猎场，这些鸟捕猎到动物后，自己不能吃，之后它们会得到一部分的猎物作为奖赏。

我们经常看到金色的大雕，人们在这里用它来狩猎，杀死羚羊、兔子和狐狸。但我无法理解的是，它们的主人怎么能以极度危险的速度骑行、上下马而同时胳膊上还带着这么重的分量。这样的大型动物看似非常温顺，是否套头罩看来也无所谓。

抓住一只猎鹰，借助的是一只被绳子拴着的活狐狸。当鹰准备撕裂它的猎物时，猎物会被慢慢地拉近一个地洞，猎人带着捕网坐在地洞中，然后将网

305 | 此地的鹰猎活动有不同鸟类参与。这三个男人举着三只鹰隼，两边的是小苍鹰，中间的是拟游隼。

抛向那只鹰。捕获后的鹰被放入一个用皮革缝制成的黑暗空间中，再通过不断击鼓来摧毁它的意志，并以这种方法来阻止它睡觉。经过一段半睡眠状态的时期，鹰连食物也不想吃了。之后鹰才慢慢变得驯服，并且听从喂养人的使唤，然后就可以带它去狩猎。（Sykes：182 页）

巴图斯待在图木舒克并继续栖身于遗址附近一个由草秸搭建的半地下小房间，而勒柯克此时在马继业家享受着英式的圣诞节。他也去了中国机构报备，以确保他和巴图斯，还有文物能不受阻碍地出境。他用发电报的方式取得了俄国境内的运输许可，还解决了运输公司和箱子的问题。这些组织方面的事宜在四次的考察中都显得十分繁琐与困难，却多是因为俄国的运输法规以及可供选择的运输方式太少，而不在于中国方面的限制。

306 | 马克苏德是库车当地的警察，他的儿子们在第四次考察中是勒柯克的助手，也向他展示怎样驯鹰。马克苏德的小儿子身旁这只雕看起来十分巨大，体重肯定不轻。

勒柯克在喀什噶尔的这些天里，碰到有人出售一个来自和阗附近的博拉庄的古希腊风格的三耳陶瓶。他欣然出手将其买下，是为了给柏林博物馆再增添一个闪光点。圣诞节过后，他终于又出发去了图木舒克，要去看看这段时间发掘出的建筑，再和巴图斯一道回喀什噶尔。政治局势以及他们在当地的处境增添了他的忧虑。不久前一位在和阗的高官被谋杀了，马继业还告诉他，斯坦因的工作人员拉尔·辛格在测量遗址时遭到逮捕。和勒柯克一样，斯坦因也只是获得了那个已被免职的喀什噶尔提督的许可。这时已经没有人能蒙混过关，他们在新疆的工作不会被容忍太久了。勒柯克于1月4日抵达巴楚，短暂停留后，继续前往图木舒克，而巴图斯在这期间已将16个箱子打包完毕。应该只停留了很短的时间，勒柯克便和巴图斯一道骑马前往喀什噶尔，并于1月19日到达，装有图木舒克的收获的箱子几天后也到了。与箱子一道，还有77只苍鹰以及在严寒气温中被冻得硬邦邦的野鸡。勒柯克将野鸡分别赠予了喀什噶尔的朋友们，就此结束了这次考察旅行，像一个高雅而善于交际的人一样，只要经济状况允许，他一向皆是如此。

在喀什噶尔，这两位柏林人和往常一样住在了英国领事馆，而那里的客房刚建好不久。他们在这里为运送箱子做准备。一直到2月中旬，他们都还在等待所有必要的通关手续和箱子的运输许可，这样才能动身离开中国再穿越俄国。回程路线是带着牦牛和骆驼在最低零下40摄氏度的严寒中通过伊尔克什坦，再乘马车从奥什前往安集延，然后乘火车经莫斯科到达柏林。3月13日，这些旅行者终于回到了家乡。

307 | 这件来自和阗地区的三耳瓶（5—6世纪）带着优美的希腊风格圆形雕饰，它应曾属于1894年在西藏被杀的法国旅行者杜特伊·德·兰斯。自1927年起，它便成了柏林博物馆吐鲁番收藏品常规展中的固定展品。

两个多月后的5月23日，最后一批箱子抵达柏林。根据记录，他们一共带回了147只箱子，其中大约有十箱装的是设备。这便是带回最多礼物的第四次考察。耗费多年，才将这些收获全部整理、存档以及修复完毕。

肖　像

对勒柯克来说，与人们交往，观察他们的容貌以及理解他们的语言都是了解异域文化的秘诀。他收集录音、歌词和故事，同时也要将这些人本身记录下来。这些便是他拍摄的许多当地的普通人。新疆的穆斯林妇女大多不戴面纱，但是她们也不太乐意让人拍照。对民族志感兴趣的勒柯克通常会请她们穿上节庆服饰站在相机前，她们便拘谨地在与其保持一段距离的地方摆好姿势。

310 | 克日西的桂尔谢德·汗。

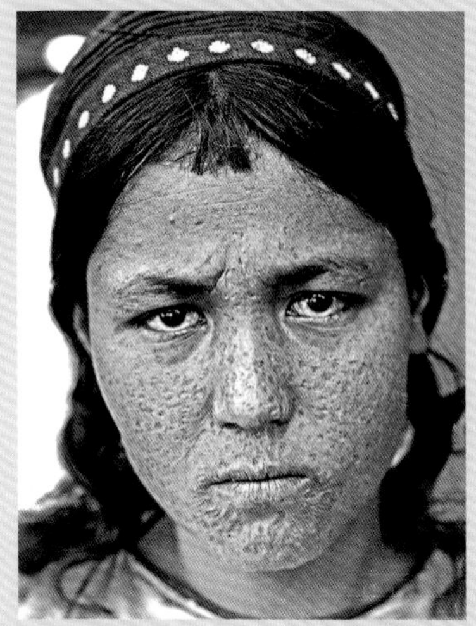

308 | 克日西的农妇。

309 | 阿克苏的交际花。

311 | 克日西的农妇。

312 | 拜城的交际花们。

313 | 教长的母亲，库姆阿里克。

314 | 克日西的查尔帕·汗。

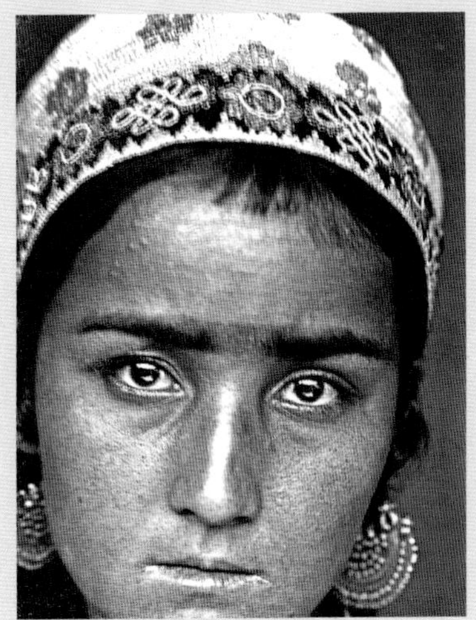

315 | 克日西的农妇哈什娜·汗。

316 | 带着羽毛帽子的妇女。

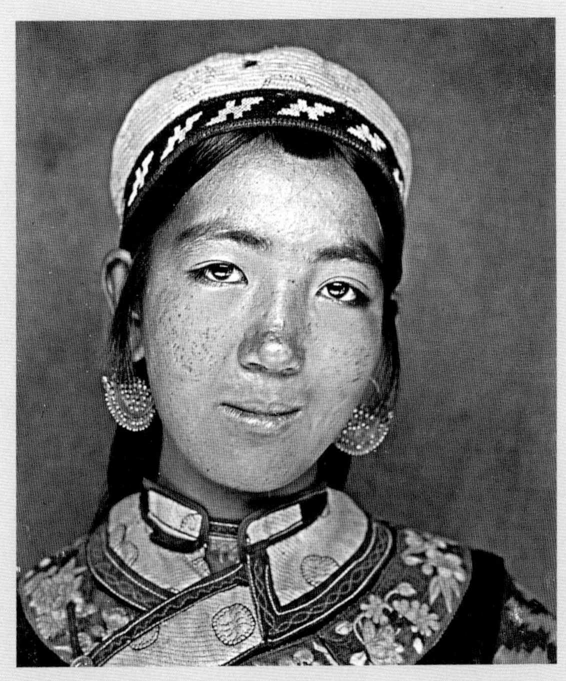

317 | 克日西的农妇。

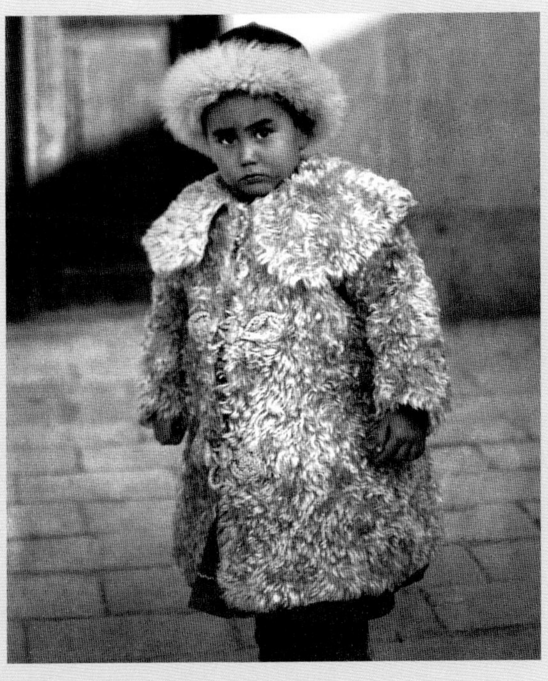

318 | 克日西的小男孩沙提尔。

319 | 未来洪堡论坛的滨水区。

后记

文物的命运

新疆考察的时日已然结束。勒柯克自己定是已经了解到，在中国进行考古工作或者带走出土文物已不再被容许了。1914年6月，他在伦敦与斯坦因交流时，一定也谈到过这个话题，斯坦因应该也有同样的认识。而在柏林博物馆中，藏学家阿尔伯特·塔弗尔（1876—1935年）已于1913年初为下一次到西藏和新疆的考察提出了申请，大家都不想让他因此而泄气。塔弗尔计划1914年7月出发，勒柯克认为没有理由不跟他合作，并希望以此方式获取丝路南道的材料。吐鲁番委员会的负责人海因里希·吕德斯通过俄国的同行们申请了必要的旅行证件并筹备了所需物资。当这次考察因战争危机于1914年7月被叫停时，已有60 000马克和超过100多张玻璃底片准备就绪。研究者们能为他们的计划如此迅速地，并且以今天的眼光看来毫无困难地找到支持，说明“吐鲁番项目”当时在博物馆、政府部门以及极具财力的资助者当中广为人知，并且非常受重视。

320 | 柏孜克里克第20窟礼拜道中高达3.25米的壁画，如在它的原生地一般一幅幅紧挨着排列在民族学博物馆第十号大厅中。它们肯定曾令来访者们叹为观止。

德国这四次“吐鲁番考察”结束之后，便有了一批数量惊人的关于丝路文化的各式各样可供研究及参观的材料保存在柏林。1914年，在约40 000件写本残卷中的大部分交付给科学院后，整理并修复其余的吐鲁番文物便成了博物馆工作人员的首要任务。勒柯克在几年中登记入册的丝路文物超过了5 000件，因而盼望能有一些新的展室，成了所有参与者的首要诉求。1914年3月，柏林的达勒姆开始修建新的亚洲艺术博物馆，实现愿望翘首可盼。这处建筑作为欧洲以外文化的博物馆建筑群的一部分，多年以前就决定要兴建，而亚洲博物馆是第一个建成的。针对展览布置有过无数次的探讨，有些争议很大。格伦威德尔和勒柯克对此却是意见一致：他们希望艺术品不仅仅围绕艺术，而更应该作为信息传递者在文化、艺术以及宗教历史变迁的框架下展出。直到1916年因战事加剧而使得建设停工时，大家都还未能达成一致。应是十几年以后，勒柯克才在博物馆地下室的箱子里再次见到了他于1914年带回的那些壁画和雕塑，并将它们展示出来。

1921年，史前和原始时期的展览从施特雷泽曼大街的民族学博物馆底层搬到了旁边的格罗皮乌斯馆中。腾出来的空间，大约于1924年都给了民族学博物馆的亚洲部。博物馆同时还获得了新建的与格罗皮乌斯馆相连的侧翼中的十个房间。这样一来，管理者们可以将沿着那些主要交通线路来为亚洲艺术设计一个重要大型展览的想法变成现实了。40个展室中，人们可从北印度穿越犍陀罗与中亚，或者经由中、南印度以及印尼和东南亚抵达中国和日本。

如果今天有人看到那时展览的照片，都会惊讶于其现代的理念。宽敞的房间中，有着开阔的视野和含蓄的标识，让来访者身临其境般地体验着一个有着多种宗教和语族交汇的大陆的文化成就。专业人士能在密集的展示中观察大量的图像对比材料，也可以在桌前阅读写本，还能欣赏模型并且了解雕塑与平面图像的关系。这些房间中营造的一切，将参观者带入丝绸之路上的建筑模型之中——他们徘徊于石窟与带穹顶的空间里，券顶之下和长

321 | 1943年民族学博物馆天井的玻璃穹顶被炸弹破坏了。虽然博物馆部分受损严重，但以今天的条件，这栋建筑定能重建起来。

322 | 勒柯克将来自柏孜克里克第20窟后甬道中的3.6米的壁画IB6885_1放在十号大厅的正壁上展出。它画的是过去佛预言作为释迦牟尼前世的大商人将来也会成佛。

长的甬道中，如同穿越到了另外一个世界。

若这些展品没有在十年之后为了防止空袭而被迫分离，继而有些被转移，有些被毁掉，甚至被带去了俄国，至今都不会有人想将它们重新布置一番。

二战爆发前，学术上已经有了许多成就。大量的专家研究了写本并出版了许多基础性的研究。格伦威德尔和勒柯克发表了许多他们搜寻的文物以及一些考古学研究。而就我们所了解到的，正如他们所说，其中绝大部分没有其他工作人员和技术手段的支持。我们必须感谢他们，如今还能看到一份手书的文物目录、一套清晰的照片集、大量的记录性绘图以及其他很多资料。至今这些记录仍对中国的学者们分析研究当地的建筑很有帮助。

直到进入第二次世界大战，一直都活跃着一个跨学科和多语种的研究联盟在柏林整理那些通过吐鲁番考察得来的材料。虽然战后一段时间里，这些人很大程度上失去了公众对他们知识的认可，研究者与相关材料散落各处，政治状况也使得相互间的联系变得困难，但交流却从未真正完全停止过。如今，许多材料经重新整理并且部分实现了数据化，从世界各地来到柏林的研究人员逐日增多。他们感兴趣的有来自吐鲁番收藏中超过20种语言和文字的写本，佛教、摩尼教、基督教的艺术及传说，考古学与艺术学的材料，还有文化交流、经济史与科学史方面的问题。在此特别欢迎的，是与收藏品原属国——中国的学术合作。2011年，亚洲艺术博物馆与新疆龟兹研究院为共同研究来自克孜尔的壁画与其他考古出土文物签订了官方的正式协议，并通过了中国国家文物局的认证。这项合作开展得十分成功，并将长期持续下去。

塔克拉玛干沙漠旁的那片土地在过去的百年间发生了重大变化，因而不仅我们，中国人对过去的这些报告和图片给予的关注也日益增加。这些资料对于文化科学研究者和考古学家而言是辅助工具，同时也能让他们对约一百年前那些旅行者的思索与行为以及彼时我们这个世界的状况有所了解。

在重建的柏林城市宫中设立的洪堡论坛，为上述各方面提供了发展空间。这里将是活跃的跨国界与跨文化的交流中心，并会对世界有新的诠释。中亚在历史上，很长时期以来都是宗教的、世界观的以及文化的多元之地，直至今日还有不同语种的人民在那里共同生活，因而对中亚的研究是颇为关键的。

本书旨在让参观展览的人们对新疆及其文化有所了解，并讲述亚洲艺术博物馆中这些绝妙的文物是如何来到柏林的，以及它们代表着什么。除此之外，还应该说明一下我们已然更新的科学认识。

第一次世界大战——人类与博物馆的艰难时刻

第一次世界大战及战后的困难时期，科学也明显处于停滞状态。民族学博物馆的印度部门中，人们一开始还没有感到变化。格伦威德尔曾被任命为枢密顾问，勒柯克终于如愿成为博物馆的研究员，而巴图斯和东亚部的主管缪勒二人都因年龄原因没有入选，他们都已有足够的材料继续支撑研究工作了。1916年，停止了在达勒姆的修建计划后，他们修复了更多的壁画和雕像，即便那些必要的材料如石膏、树脂以及酒精都必须通过中央有关部门才能获得。

而战争随后也来到了柏林的两位科学家身边。1917年，格伦威德尔的儿子和小阿尔伯特·冯·勒柯克都阵亡了。在格伦威德尔的两个孩子都于多年前去世后，这样的致命打击让他的精神濒临崩溃边缘。格伦威德尔一直让自己沉浸于藏学研究中，在接下来的几年中发表了大量中亚的材料。他于1921年退休并于1923年与妻子和女儿一起搬到了拜仁州，直到1935年在那里去世。勒柯克也在失去他唯一的孩子后，全身心地投入工作中。从1918年至他去世的1930年间，他完成了六本图册、两本科普畅销书以及许多短篇文章。在格伦威德尔离职后，他在博物馆中承担了更多工作，并于1923年成为了印度部的主管。

这些年中物资贫乏，博物馆的经费也十分短缺。1921年，依照馆长对所有部门的指示，为了将那些不展出的博物馆藏品搬入达勒姆应急建成的仓库而筹措搬运资金，开始出售“重复件”。勒柯克只能将一小部分从中亚带回的壁画在艺术品市场上出售。在通货膨胀中期，有约40幅壁画被卖到了美国——幸运地换回了美金。勒柯克在这些年间经济也出现了问题。这样一来，长期无偿为博物馆工作，并且为考察、出版以及修复筹集了大量资金的勒柯克不得不在1925年退休之后，签订短期合同继续工作。勒柯克也可能为其他原因而留下，因为在1924年他实现了一个长久以来的梦想：印度部与东亚部分配到了施特雷泽曼大街上一栋建筑的整个底层来展示文物，他能按照自己的设想来布置这些展室了。这些展厅于1928年12月对外开放。1930年，在正式退休仅一年后，勒柯克便去世了。

巴图斯在结束四次考察后，负责保存以及修复吐鲁番的壁画。他非常熟悉这些壁画，毕竟是他自己切割下来的。虽然仅任职为助理文物保管员，他却承担了大部分的工作。巴图斯也是唯一一位在吐鲁番考察后再次去往中亚做考古工作的。1929年，作为发掘技工，他随恩斯特·赫兹菲尔德去了伊朗。和勒柯克一样，巴图斯退休后也签订了短期合同来继续工作，几乎直到去世。这两位都很晚才在博物馆任职，而他们的退休金确实是不够支撑生活的。

搬入达勒姆的博物馆仓库后，民族学博物馆于1926年再次开馆，最晚的陈列吐鲁番收藏品的几个房间于1928年12月对外开放后，柏林民族学博物馆的战后时期便结束了。

收藏品与第二次世界大战

在战争爆发之前很久，便有关于炸弹对城市所能造成的毁灭性后果的传言。因此，人们在博物馆中也在考虑安全问题并着手准备。包括壁画在内的许多藏品都被打包放入了地下室。窗户也都堵住了，留在展室中的绘画前层叠堆放着高耸的沙袋。人们也打算用这种方法来保护帕加马祭坛。直到1940年12月，对燃烧弹有了一次经验后，他们才被迫改变了主意。接着，人们将印度部中的许多壁画取了下来。1941年9月，在动物园附近的防空洞中有位置存放藏品，而自1944年6月起，藏品便能放置于德国中等高度山脉中的那些矿井里了。小型的壁画自然是首先被打包起来的，人们让它们保持在原本的铁质画框中，再放入木箱。而那些大尺寸的壁画，如来自柏孜克里克第20窟的15片平均高3.5、宽2米的誓愿图则需要专门运输，但是战争期间似乎没有办法运走。它们便留在了沙袋之后，并在一次夜间轰炸中被炸毁，而地下室中存放的约100个等待转移的箱子也遭遇了同样的命运。

战争结束时，苏联红军在占领区将大量的艺术品充公。一大批存放着印度和中亚文物的箱子，从博物馆以及动物园附近的防空洞中被运走。除了后来少数归还给东德的文物，这一大批资料如今都保存在圣彼得堡和莫斯科。几年前，在圣彼得堡的艾尔米塔什博物馆建了一所新的库房，允许研究人员进去研究壁画以及指导修复事宜。如今柏林亚洲艺术博物馆与艾尔米塔什博物馆保持着密切的联系。然而从柏林运至莫斯科的文物至今还没有任何消息，因此无法最终确认战争带来的损失程度。不过第4与第10展厅内大部分没能转移至安全地点的壁画很可能都被毁掉了。

考察的成果

自拿破仑进军埃及起，便有负责尼罗河流域文物的学者随行搜集，也不断有旅行者为了收藏从国外将艺术品带回。他们主要是从被认为的欧洲文明发源地——如希腊、意大利以及《圣经》中的许多国家，搜集几乎所有形式与规格的文物放入新建的博物馆中。伴随着研究的逐渐深入，惊叹也随之而来。研究语言、文字与宗教，分析其风格与历史年代，编纂历史与神话资料丛书，产生了对塑造我们世界观起决定性作用的知识，这些知识也越来越多地被来自文物原产地的爱好者所掌握。正是这些形形色色的到往中亚的考察，才使欧洲有了超过百年的时间对中亚文物的研究，这不仅仅为德国和欧洲的科学研究作了贡献，也使得这一地区与逝去文明相关的史实得以保存，而有关那些文明的种种在现代已发生了巨变。

但这并不能成为“掠夺”艺术财富的借口。我们今天不会像参加20世纪初期四次吐鲁番考察的队员那般行事，也会为新疆石窟壁面上的残缺感到十分痛心。然而在当时，信息的获取、记录及携带的可能性远远不及今日。我们处在一个能够全世界到处旅行及拥有数码摄影技术的时代，去往遥远的国度，保存几千张照片，将不好的删掉重来，通过网络进行研究，这一切都变得不再是问题。却也很难想象，一位一百年前的学者，经过几个星期的艰苦跋涉后，站在无数精美的壁画和神秘的废墟前，长期研究的有关宗教与文化的历史问题有望得到解答时会作何感想。他曾因运输费用及重量问题，只能携带有限数量的底片，曝光需时很长，洞窟内部的拍摄也受到诸多限制。他可以绘图，但这需要天赋和时间。他也可以进行文字描述，但这需要建立在大量的基础知识之上，而那样的知识储备通常是长期在家研究的结果。

格伦威德尔和勒柯克对壁画安全的忧虑，来自他们当时在吐鲁番绿洲中的遭遇。他们眼看着本有许多土墙体的寺院城高昌被当地的居民破坏了；在柏孜克里克，他们碰到了在遗址中打出很深盗洞的盗墓贼；而在胜金口，那些农民在地面寺院的残垣断壁中翻腾着。因为当时古董和写本都能卖到钱，导致了盗掘行为的激增。

323 | 自1928年起，克孜尔的“鸽子衔环窟”（第123窟）一直在博物馆的常设展中展出。在柏林达勒姆的展览中，这个洞窟保留在克孜尔当地的部分都复制了出来。

324 | 在洪堡论坛的穹顶下，复制了两个克孜尔礼拜窟的吐鲁番藏品展览，是来自丝绸之路上尤为特别的使者。

在库车地区，对文物的追求直到1914年都还没有那么显著。但是在石窟中到处都有布满划痕的图像，被刮掉的金箔和被挖去了眼睛的佛像。木梁被取走，台架也被拆掉了。在森木塞姆，大多数洞窟的壁面上都是黑色的烟灰。在克孜尔和库木吐喇总有岩体崩塌。那些年里没有被外国考察队和盗宝者带走的克孜尔壁画，如今都保存得很好，真是十分幸运。库木吐喇的情况就不同了。这里的岩石比较易碎，可能是距居民区比较近的缘故，助长了蓄意的破坏。格伦威德尔觉得，将他已经做了记录的那些材料堆积在博物馆中没有意义。而勒柯克则不这样认为，他希望能让柏林的人们近距离地接触到丝绸之路上的绘画，也能让学者们尽情地开展研究。他的做事方式在当时只被少数人批评过，而今天我们有其他的方法来获取全面的图像，对他行为的评判也便有所不同了。

过去已不能改变，今天只能在已成定局的情势下做到最好。虽然因二战损失惨重，柏林也还保存有数量可观的来自丝绸之路的壁画和雕塑，以及佛幡、写本与其他出土文物。在过去70多年中，来自世界各地的专家们参与了研究。它们也一再被调整为最新的陈列状态面向广泛的观众们，并以此方式来展现丝路文化的独特风貌。

在洪堡论坛亚洲艺术展览中心的穹顶下，展示着来自多宗教、多文化地区的艺术。它逐一呈现了千年以来，中亚的人们是如何对待外来文明的特质与印记，如何地相互影响及衍变。在与艺术以及与来自世界各地的参观者和研究者的对话中，我们还能变换角度，超越过去的欧洲中心主义观念以对这些文化有更深入的认识。那些敢于在已消逝作土的世界中冒险穿越的人们，一百多年前就开始推动这一进程了，而至今还远未完成。

为了让研究者间的合作更为容易，也为了向各国的兴趣爱好者公开一些新的资料，考察期间的照片以及由科学院整理的写本有很多已经在网络上发表了。记录性的材料及来自新疆的艺术品也将随后公开。绘画残片也会像写本一样，通过虚拟技术进行整合，考古的出土文物将做分类，原始画面都会被复原。这尤其能为中国正在修复的克孜尔石窟及其他地方的石窟壁画的研究者们提供帮助。

如今不太可能将壁画的原件和那些易碎的泥塑从一处搬到另一处去了。但在数码时代，艺术品与其他文物必须在它们的栖身之所得以妥善保管与展示，并在网络上公开。那些过去因故被迫分离或者损坏的物品，便能通过虚拟技术复原——不同专业和不同国家的合作者一起协作，以各自的专业视角来保护人类的文化遗产。

325 | 一本摩尼教赞美诗集中的两页（8或9世纪）。

326 | 喀喇沙尔城中心的钟楼负责通知时间以及发出关闭城门的信号，在危急时刻也会敲响此钟。

327 | 孩子和乐师们在喀什噶尔为德国人准备了一场友好的欢迎会。

翻译对照

中　　文	德　　语
阿尔布雷希特王子大街	Prinz-Albrecht-Straße
阿夫拉西阿卜	Afrasiab
阿格尔布拉克	Aighyr Bulak
阿格拉	Agra
阿古柏	Beg, Yakub
阿訇，伊德利兹	Achond, Idris
阿及里克（即玛扎伯哈）	Atschik Iläk
阿赖山脉	Alai-Gebirge
阿里，米尔・萨富达	Ali, Mir Safdar
阿玛纳	Amarna
阿斯塔纳（吐鲁番）	Astana
阿斯塔那（哈密附近）	Astana
阿斯特拉罕	Astrachan
阿图什	Artusch
阿萨古城	Hassa Schahri
阿瓦提	Awat
阿亚古兹	Ayagus
阿尤布	Ayub
埃葛巴迪	Egembärdi; Egämbärdi
艾尔斯贝格尔	Eilsberger
安德森，阿尔伯特	Anderson, Albert
安德森，玛利亚・洛维莎	Anderson, Maria Lovisa
安集延	Andidschan

中　　文	德　　语
奥登堡，谢尔盖	Oldenburg, Sergej
奥伦堡	Orenburg
奥什	Osch
巴楚	Maralbaschi
巴布洛夫尼科夫	Bobrownikow
巴尔喀什湖	Balchasch-See
巴库	Baku
巴赫特	Bachty
巴图斯，特奥多	Bartus, Theodor
拜城	Bai
鲍格伦德，马格努斯	Bäcklund, Magnus
贝尔	Bell
彼得库夫—特雷布纳尔斯基	Petrikan (Piotrków Trybunalski)
别迭里山口	Bedal-Pass
别列佐夫斯基，米哈伊尔・米哈伊诺维奇	Beresowskij, Michail Michailowitsch
别列佐夫斯基，尼古拉・马特维耶维奇	Beresowskij, Nikolai Matwejewitsch
波尔特，赫尔曼	Pohrt, Hermann
波罗的海地区	Baltikum
伯克曼	Boeckmann
伯希和	Pelliot, Paul

（续表）

中　文	德　语
柏孜克里克	Bäzäklik
博布罗维尼科夫	Bobrovnikov
博德	Bode
博戈亚夫连斯基，尼古拉·瓦西里耶维奇	Bogojawlenskij, Nikolai Wassiljewitsch
博拉庄	Borazan
博罗科鲁山	Boro-Choro Gebirge
布哈拉	Buchara
布拉依克	Bulayik; Būläräq
柴契夫	Saizev
策大雅	Tschädir
车尔尼雪夫斯科耶	Eytkuhnen; Tschernyschewskoje
达勒姆	Dahlem
达罗加，马克苏德	Daroga, Maksud
达克雅洛斯	Dakianus
大阿萨古城	Tschong Hassa Schahri
大谷光瑞	Otani, Kozui
大河沿子	Ta-kuon-še
德国东方协会	Deutsche Orientgesellschaft（DOG）
德黑兰	Teheran
德塞伍	de Sévaux
迪坎	Dygai
东方委员会	Orient-Comité
都勒都尔·阿护尔（阿奢理贰伽蓝）	Duldur Akur
渡边哲信	Watanabe, Tesshin
额尔齐斯河	Irtysch
额敏	Amin

（续表）

中　文	德　语
鄂尔浑地区	Orchon-Gebiet
鄂木斯克	Omsk
恩德	Ende
恩格瓦，洛维莎	Engvall, Lovisa
费多罗夫	Fedorow, S. A.
费尔干纳山谷	Ferghanatal
腓特烈，艾特尔	Eitel Friedrich
冯·斯图特	von Studt
冯·瓦尔特	von Walter
伏尔加河	Wolga
高昌	Chotscho
戈林，赫尔曼	Göring, Hermann
格伦威德尔，阿尔伯特	Grünwedel, Albert
格罗皮乌斯，马丁	Gropius, Martin
古比雪夫	Kuibyschew
古尔图	Kur-tu
古里察河	Gultscha-Fluss
固勒扎	Kuldscha
哈茨山	Harz
哈拉和卓	Karachodscha
哈密	Hami
哈瑟罗德	Hasserode
哈辛	Häschim
哈扎诺夫	Khazanow
汗，阿赫洛尔	Khan, Akhror
汗，伊萨	Khan, Isa
汗，桂尔谢德	Khan, Gülschädä
汗，查尔帕	Khan, Chalpa
汗，哈什娜	Khan, Haschira
汗，哈尔马特	Khan, Khalmat

（续表）

中　　文	德　　语
汗，茱维达	Khan, Zuwida
汗腾格里峰	Khan Tengri
汉城（今疏勒）	Hancheng
罕萨	Hunza
豪格伯格，拉尔斯·艾瑞克	Högberg, Lars Erik
河内	Hanoi
赫定，斯文	Hedin, Sven
赫尔曼	Hermann, A.
赫兹菲尔德，恩斯特	Herzfeld, Ernst
黑的儿火者	Khizr Khwaja
亨德里克斯，佩特	Hendricks, Pater
洪堡论坛	Humboldt-Forum
胡特，乔治	Huth, Georg
霍布斯	Hobbs, A. O.
霍尔果斯	Chorgos
吉川小一郎	Yoshikawa, Koichiro
伽师	Faizabad; Peyzawat
交河	Yarchoto
捷列克山口	Terek-Pass
橘瑞超	Tachibana, Zuicho
喀喇昆仑山脉	Karakorum Gebirge
喀喇沙尔	Karaschahr
喀拉铁克山	Karateki-Gebirge
喀山	Kasan
喀什噶尔	Kaschgar
卡拉达里亚河	Karâ sû; Qoradaryo
卡辛	Kasim
卡辛，米尔	Khazim, Mir
考德威，罗伯特	Koldewey, Robert
科哈诺夫斯基	Kochanowski

（续表）

中　　文	德　　语
柯坪黑尔塔格山	Kalpin Tschöltag
科洛科洛夫	Kolokolow
科洛特科夫	Krotkow, N. N.
科帕尔	Kopal
克拉斯诺沃茨克	Krasnowodsk
克莱门茨，季米特里	Klementz, Dmitri
克孜勒	Kyzyl
克虏伯，弗里德里西	Krupp, Friedrich
克尼格雷茨大街	Königgrätzer Straße
克日西	Kirisch
克什米尔	Kaschmir
克孜尔	Kizil
克孜尔尕哈	Kizil Gaha; Kizil Kharga
肯德克	Kindyk
堀贤雄	Hori, Kenyu
库车	Kutscha
库恩，恩斯特	Kuhn, Ernst
库尔勒	Kurla
库姆阿里克	Kum Arik
库木吐喇	Kumtura
库鲁特喀	Kurutka
奎屯	Küytün
昆莫	Komul
拉达克	Ladakh
拉德洛夫，威廉	Radloff, Wilhelm
拉迪尔	Radil
拉尔塔格	Laltagh
拉奎特，古斯塔	Raquette, Gösta
拉吉布	Rakib
拉瓦尔品第	Rawalpindi

（续表）

中　　文	德　　语
拉瓦特	Rawat
莱茵斯贝格	Rheinsberg
勒柯克（冯・），阿尔伯特	von Le Coq, Albert
雷宾斯克	Rybinsk
雷格尔，阿尔伯特	Regel, Albert
里海	Kaspisches Meer
里亚布科夫，帕维尔・彼得罗维奇	Rjabkow, Pawel Petrowitsch
连木沁	Lämdschin
列城	Leh
鲁克沁	Luktschun
轮台县	Bügür
罗斯托夫	Rostow
罗兹	Lodz
洛浦	Lop
吕德斯，海因里希	Lüders, Heinrich
马达汉	Mannerheim, Carl Gustav
马尔吉兰	Margilan
马继业	Macartney, George
玛扎伯哈（即阿及里克）	Mazabaha
买买斯提	Mämäsit
毛拉	Mulla
梅尔夫	Merw
美乐斯	Miles, S. V.
孟买	Bombay
米兰	Miran
密米尔	Mimer
庙尔沟	Aratam
民族学辅助委员会	Ethnologische Hülfscomité

（续表）

中　　文	德　　语
明约路	Mingyol
缪勒，弗里德里希・威廉・卡尔	Müller, Friedrich Wilhelm Karl
默安戈斯	Marangus
木头沟	Murtuk
木扎尔特河	Muzart-Fluss
纳伦	Naryn
尼德尔克尔新纳大街	Niederkirchnerstraße
努埃特，夏尔	Nouette, Charles
帕米尔	Pamir
炮台山	Mori Tim
培措夫斯基，尼古拉・费多罗维奇	Petrowskij, Nikolai Fedorowitsch
皮特里，弗林德斯	Petrie, Flinders
皮舍尔，理查德	Pischel, Richard
普拉契卡	Pratschka
普洛特尼科夫，米哈伊尔	Plotnikow, Michail
普热瓦利斯基，尼古拉	Prschewalskij, Nikolai
普斯科夫	Pskow
奇康淖尔	Tschikkan Köl
恰尔巴格	Charbag
恰克马克河	Chakmak-Fluss
千身之父	Ming Tän Atam
秦尼巴克	Chini Bag
却勒塔格山	Tschöltag
让，萨伯・布顿	Ram, Sahib Bhuta
热金	Zagin
热那亚	Genua
荣赫鹏	Younghusband, Francis
撒马尔罕	Samarkand

（续表）

中　文	德　语
沙木胡索特	Maksud, Schah
沙提尔	Schatil
沙雅	Schahyar
萨马拉	Samara
萨特沃尔斯	Shuttleworth
萨斯伽洛夫	Schasgarow
萨乌特	Saud; Saut
萨乌特伊玛目	Saut Imam
萨乌特伊玛目阿洪	Saut Imam Achond
赛里木湖	Sairam-See
塞米巴拉金斯克	Semipalatinsk
塞米伊	Semei
舍里曼，卡尔・赫尔曼	Salemann, Carl Hermann
森木塞姆	Simsim
胜金口	Sängim
斯利那加	Srinagar
斯坦因，马克・奥莱尔	Stein, Marc Aurel
四棵树	Si-Gu-So
施特雷泽曼大街	Stresemann-Straße
什切青	Stettin
苏巴什	Subaschi
绥定	Shui-din
索科夫	Socoff
硕尔楚克	Schortschuk
塔城	Tacheng
塔尔巴哈台	Tschugutschak
塔弗尔，阿尔伯特	Tafel, Albert
塔拉斯河	Talas
塔什干	Taschkent
特拉斯韦奇	Terrassewitsch

（续表）

中　文	德　语
帖木儿	Timur Lenk
铁木尔	Tömür
通关证明	Otkrytyj List
图古曼遗址	Tegurman-Tim
图木舒克	Tumschuk
图木舒克塔格	Tumschuk Tagh
托克拉克山口；托克拉克达坂	Toghrak-Pass; Toghrak-Davan
托克齐	Togudsche
托克苏	Toksu
托克逊	Toksun
托库孜萨来	Tokkus Serai
托托	Toto
吐鲁番	Turfan
吐峪沟	Tuyok
吐峪沟麻扎	Tojok-Mazar
瓦扬，路易	Vaillant, Louis
王圆箓	Wang, Yuanlu
维尔巴利斯	Virbalis; Wirballen
维尔贡	Vergon
乌鲁克恰提	Ulughdschat
乌鲁木齐	Urumtschi
乌沙克塔勒	Ushak Tāl
乌什	Ütsch Turfan; Uqturpan
乌苏	Si-Ho
西蒙，詹姆斯	Simon, James
夏帕洛夫	Shaparov
小阿萨古城	Kitschik Hassa Schahri
谢尔基奥波利	Sergiopol
谢里尔	Sherer, J. D.

（续表）

中　文	德　语
辛格，拉尔	Singh, Lal
杨缵绪	Yang, Dsan-su
焉耆	Agni
伊尔克什坦	Irkeschtam
伊塞克湖	Issykköl
亦都护城	Idikutsari
亦力湖	Iliköl
英吉沙尔	Yangischahr

（续表）

中　文	德　语
叶城	Kargilik
叶尔羌	Yarkend; Yarkand
于阗；和阗	Chotan
玉曲布尔汗	Ütsch Marwan
玉素普	Üsüp
扎尔肯特	Jarkent; Scharkent
泽拉夫尚河	Zerafshan-Fluss
准噶尔；北疆	Dsungarei

参 考 文 献

引用文献

Grünwedel 1903:

Grünwedel, Albert (1903): Einige praktische Bemerkungen über archäologische Arbeiten in Chinesisch-Turkistan. In: Bulletin de l'Association Internationale pour l'Exploration historique, archéologique, linguistique et ethnographique de l'Asie Centrale et de l'Extrême-Orient, publié par le Comité Russe.2 [Okt.1903]. St. Petersburg (S. 7–16).

Grünwedel 1904:

Grünwedel, Albert (1904): Bericht über archäologische Forschungen in Turfan und Umgebung (Nov. 1902–Febr. 1903). In: Bulletin de l'Association Internationale pour l'Exploration historique, archéologique, linguistique et ethnographique de l'Asie Centrale et de l'Extrême-Orient, publié par le Comité Russe. 3 [April 1904]. St. Petersburg (S. 18–25).

Grünwedel 1906:

Grünwedel, Albert (1906): Bericht über archäologische Arbeiten in Idikutschari und Umgebung im Winter 1902–1903, Abh.d. Kgl. Bayr. Akademie der Wissenschaften.1. Kl., Bd. 24:1. München.

（德）阿尔伯特 · 格伦威德尔著，管平译：《高昌故城及其周边地区的考古工作报告（1902—1903年冬季）》，北京：文物出版社，2015年。

Grünwedel 1912:

Grünwedel, Albert (1912): Altbuddhistische Kultstätten in Chinesisch-Turkistan. Bericht über archäologische Arbeiten vom 1906 bis 1907 bei Kuča, Qarašahr und in der Oase Turfan. Berlin.

（德）A · 格伦威德尔著，赵崇民、巫新华译：《新疆古佛寺：1905—1907年考察成果》，北京：中国人民大学出版社，2007年。

HS:

Le Coq von, Albert (1926): Auf Hellas Spuren in Ostturkistan: Berichte und Abenteuer der II. und III. Deutschen Turfan-Expedition. Leipzig.

（德）阿尔伯特 · 冯 · 勒柯克著，陈海涛译：《新疆的地下文化宝藏》，乌鲁木齐：新疆人民出版社，1999年。

Klementz 1898:

Klementz, Dmitri A. (1899): Turfan und seine Alterthümer übers. a. d. Russischen von O. v. Halle. In: Nachrichten über die von der k. Ak. der Wissenschaften zu St. Petersburg im Jahre 1898 ausgerüsteten Expedition nach Turfan, Heft I. St. Petersburg.

LL:

Le Coq von, Albert (1928): Von Land und Leuten in Ostturkistan: Berichte u. Abenteuer der IV. Deutschen Turfanexpedition. Leipzig.

（德）勒柯克著，齐树仁译：《中国新疆的土地和人民》，北京：中华书局，2008年。

Macartney 1985:
Macartney, Catherine Theodora Borland (1985): An English Lady in Chinese Turkestan. Hongkong.

Slg. Reischl:
Reischl, Rudolf: unveröffentlichte, unnumerierte Briefe, Fotos und Unterlagen in Familienbesitz.

Sykes 1920:
Sykes, Ella Constance and Percy (1920): Through Deserts and Oases of Central Asia. London.

TA:
Turfan-Akten: 6428 registrierte unveröffentlichte Akten in 21 Alben und 463 Zeichnungen zu den Turfan-Expeditionen im Museum für Asiatische Kunst. Berlin.

Walravens 2001:
Walravens, Hartmut (Hg.) (2001): Albert Grünwedel, Briefe und Dokumente, Asien- und Afrika-Studien der Humbold-Universität zu Berlin Bd. 9. Wiesbaden.

Zimmer 2006:
Zimmer, Dieter E. (2006): Prshewalskij, N. 1870, Bezahlen in China. In: Nabokov reist im Traum in das Innere Asiens. Reinbek (S. 68 ff.).

参考文献

Bukharin, Mikhail D (2015): „Wissenschaft ist nach meiner Meinung nur ein anderer Ausdruck für Humanität ... ", Letters of A. Grünwedel to W. W. Radloff from the Collection of the Archives of the Russisan Academy of Sciences, St. Petersburg Branch. In: Berliner Indologische Studien. Berlin (S. 7–47).

Chao [Zhao], Huashan (2004): Die Veränderung des Erhaltungszustandes der an der nördlichen Seidenstraße (Xinjiang) gelegenen Tempelanlagen in den letzten einhundert Jahren. In: Durkin-Meisterernst/Raschmann/Wilkens/Yaldiz/Zieme (Hg.): Monographien zur Indischen Archäologie, Kunst und Philologie 17, Turfan Revisited: The First Century of Research into the Arts and Cultures of the Silk Road. Berlin (S. 49–53).

Dreyer, Caren/Sander, Lore/Weiss, Friederike (2002): Verzeichnis seit 1945 vermisster Bestände der ehemaligen Indischen Abteilung des Museums für Völkerkunde, des heutigen Museums für Indische Kunst, Staatliche Museen zu Berlin, Dokumentation der Verluste III. Berlin.

Dreyer, Caren (2007): Bemerkungen zu den „Turfan-Akten". In: Indo-Asiatische Zeitschrift 11. Berlin (S. 33–42).

Dreyer, Caren (2008): Russian Archaeological Explorations in Chinese Turkestan on the Turn of the 19th Century, Indo-Asiatische Zeitschrift 12. Berlin (S. 62–71).

Dreyer, Caren (2011): Albert Grünwedel, Zeichnungen und Bilder von der Seidenstraße im Museum für Asiatische Kunst. Berlin.

Dreyer, Caren (2012): Albert Grünwedel — Ein Leben für die Wissenschaft. In: Auf Grünwedels Spuren. Restaurierung und Forschung an Zentralasiatischen Wandmalereien. Berlin (S. 14–27).

Dreyer, Caren (2014): „Turfan" und die Berliner Indologie. In: Framke / Lötzke / Strauch (Hg.): Indologie und Südasienstudien in Berlin: Geschichte und Positionsbestimmung, Studien zur Geschichte und Gegenwart Asiens IV. Berlin (S. 35–64).

Gabsch, Toralf (2014): „Sie werden zunächst ihrem Schicksal überlassen werden müssen, ..." Übersicht zu den

Ereignissen im Zusammenhang mit dem Kriegsschicksal der Ostturkestanischen Wandmalereien im Museum für Völkerkunde in den Jahren 1934 bis 1952. In: Auf Grünwedels Spuren. Restaurierung und Forschung an Zentralasiatischen Wandmalereien. Berlin (S. 50–55).

Giès, Jacques (Hg.) (1994) : Les arts de l'Asie centrale: La collection Paul Pelliot du musée national de arts asiatiques-Guimet, 2 Ts., Paris: Réunion Musée Nationaux.

Giès, Jacques (Hg.) (1995): Les arts de l'Asie centrale: La collection Paul Pelliot du musée national des arts asiatiques-Guimet I, Paris: Réunion des Musées Nationaux.

Giès, Jacques (Hg.) (1996): Les arts de l'Asie centrale: La collection Paul Pelliot du musée national des arts asiatiques-Guimet II, Paris: Réunion des Musées Nationaux.

Grünwedel, Albert (1920): Alt-Kutscha. Archäologische und religionsgeschichtliche Forschungen an Tempera-Gemälden aus buddhistischen Höhlen der ersten acht Jahrhunderte nach Christi Geburt. Berlin.

Gumbrecht, Cordula (2002): Acta Turfanica, Die deutschen Turfan-Expeditionen gesehen in den Archiven von Urumchi und Berlin (Dissertation). Berlin.

Gumbrecht, Cordula (2004): Chinese Passports for the German Expeditions. In: Durkin-Meisterernst/Raschmann/Wilkens/Yaldiz/Zieme (Hg.): Monographien zur Indischen Archäologie, Kunst und Philologie 17, Turfan Revisited: The First Century of Research into the Arts and Cultures of the Silk Road. Berlin (S. 111–120).

Härtel, Herbert (1957): Über das Schicksal der Turfansammlung. In: Orientalische Literaturzeitung (OLZ), 52. Berlin (S. 5–8).

Härtel, Herbert/Yaldiz, Marianne (1982): Along the Ancient Silk Routes: Central Asian Art from the West Berlin State Museums. An exhibition lent by the Museum of Indische Kunst, Staatliche Museen Preussischer Kulturbesitz, Berlin, Federal Republic of Germany, held at The Metropolitan Museum of Art, New York, April 3–June 20, 1982. New York.

Härtel, Herbert/Yaldiz, Marianne (1987): Die Seidenstrasse: Malereien und Plastiken aus buddhistischen Höhlentempeln. Berlin.

Herrmann, Albert (1910): Die alten Seidenstraßen zwischen China und Syrien, Beiträge zur alten Geographie Asiens. Berlin.

Hopkirk, Peter (1980): Foreign Devils on the Silk Road: The Search for the Lost Cities and Treasures of Chinese Central Asia. Amherst.

Humboldt-Forum: http://www.humboldt-forum.de/startseite/.

International Dunhuang Project: Die Seidenstraße online: http:/idp.bbaw.de/.

Katalogisierung Orientalischer Handschriften in Deutschland (KOHD) der Akademie der Wissenschaften zu Göttingen: http://kohd.adw-goe.de/http://adw-goe.de/forschung/forschungsprojekte-akademienprogramm/sanskrit-woerterbuch/.

Klimkeit, Hans-Joachim (1988): Die Seidenstraße: Handelsweg und Kulturbrücke zwischen Morgen- und Abendland, Köln.

Le Coq von, Albert (1907): Bericht über Reisen und Arbeiten in Chinesisch-Turkistan. In: Zeitschrift für Ethnologie Berlin, 39. Berlin (S. 509–524).

Le Coq von, Albert (1909a): A Short Account of the Origin, Journey, and Results of the first Royal Prussian Expedition to Turfan in Chinese Turkestan. In: Journal of the Royal Asiatic Society. London (S. 299–322).

Le Coq von, Albert (1909b): Exploration archéologique à Turfan. In: Journal Asiatique, Paris, Tome 14, Série 10. Paris (S. 321–334).

Le Coq von, Albert (1910a): Reise und Ergebnisse der zweiten deutschen Turfan-Expedition. In: Mitteilungen der Geographischen Gesellschaft 4. München (S. 175–188).

Le Coq von, Albert (1910b) : Exploration archéologique à Turfan. In: Annales du Musée Guimet (Biblioth. Vulgarisation), Tome 35. Paris (S. 267–289).

Le Coq von, Albert, (1913): Chotscho: Facsimile-Wiedergaben der wichtigsten Funde der 1. Kgl. Preuss. Expedition nach Turfan in Ostturkistan. Berlin (repr. Graz 1979).
（德）勒柯克著，赵崇民译：《高昌——吐鲁番古代艺术珍品》，乌鲁木齐：新疆人民出版社，1998年。

Le Coq von, Albert (1918): Die vierte deutsche Turfan-Expedition. In: Túrán. Budapest (S. 7–24).

Le Coq von, Albert (1924a): Die buddhistische Spätantike in Mittelasien = Ergebnisse der Kgl. Preussischen Turfan-Expeditionen, III, Die Wandmalereien. Berlin (repr. Graz, 1974).

Le Coq von, Albert (1924b): Die buddhistische Spätantike in Mittelasien = Ergebnisse der Kgl. Preussischen Turfan-Expeditionen, IV, Atlas zu den Wandmalereien. Berlin (repr. Graz 1974).

Le Coq von, Albert (1925): Bilderatlas zur Kunst und Kulturgeschichte Mittel-Asiens. Berlin (repr. Graz, 1977).

Le Coq von, Albert (1926a): Auf Hellas Spuren in Ostturkistan: Berichte und Abenteuer der II. und III. Deutschen Turfan-Expedition. Leipzig.
（德）阿尔伯特·冯·勒柯克著，陈海涛译：《新疆的地下文化宝藏》，乌鲁木齐：新疆人民出版社，1999年。

Le Coq von, Albert (1926b): Die buddhistische Spätantike in Mittelasien = Ergebnisse der Kgl. Preussischen Turfan-Expeditionen, V, Neue Bildwerke I. Berlin (repr. Graz, 1975).

Le Coq von, Albert (1928): Von Land und Leuten in Ostturkistan: Berichte u. Abenteuer der IV. Deutschen Turfan-Expedition. Leipzig.
（德）勒柯克著，齐树仁译：《中国新疆的土地和人民》，北京：中华书局，2008年。

Le Coq von, Albert/Waldtschmidt, Ernst (1928): Die buddhistische Spätantike in Mittelasien = Ergebnisse der Kgl. Preussischen Turfan Expeditionen, VI, Neue Bildwerke II. Berlin (repr. Graz,1975).

Le Coq von, Albert/Waldschmidt, Ernst (1933): Die buddhistische Spätantike in Mittelasien = Ergebnisse der Kgl. Preussischen Turfan-Expeditionen, VII, Neue Bildwerke 3. Berlin: (repr. Graz,1975).

Litvinsky, Boris A./ Zhang, Guang-da (1996): Central Asia: The Crossroads of Civilizations. In: History of Civilizations of Central Asia. Vol. III-The Crossroads of Civilizations: A.D. 250–750, ed. B.A. Litvinsky. Paris (S. 473–490).

Lüders, Heinrich (1922): Zur Geschichte und Geographie Ostturkestans. In: Sitzungsberichte der Preussischen Akademie der Wissenschaften. Berlin (S. 243–261). (repr. in Philologica Indica: Ausgewählte kleine Schriften von Heinrich Lüders, 1940. Göttingen) (S. 526–546).

Pelliot, Paul (1910): Rapport sur la Mission au Turkestan chinois. In: Comptes rendus des séances de l'Académie des inscriptions et belles-lettres (CRAI). Paris (S. 58–68).

Pelliot, Paul (1937): La Haute Asie. Paris.

Regel, Albert (1881): Albert Regel's Reise nach Turfan Mai bis Nov. 1879. Maßstab 1:1.500.000. Kolorierte, gefaltete, lithographische Karte aus Petermann's Mittheilungen aus Justus Perthes' Geographischer Anstalt. Bd. 27.

Russell-Smith, Lilla (2005): Uygur Patronage in Dunhuang: Regional Art Centres on the Northern Silk Road in the Tenth and Eleventh Centuries. In: Brill's Inner Asian Library 14. Leiden.

Sander, Lore (2004): Ernst Waldschmidt's Contribution to the Study of the "Turfan Finds". In: Durkin-Meisterernst/Raschmann/Wilkens/Yaldiz/Zieme (Hg.): Monographien zur Indischen Archäologie, Kunst und Philologie 17, Turfan Revisited: The First Century of Research into the Arts and Cultures of the Silk Road. Berlin (S. 303–309).

Stein, Aurel M. (1909): Explorations in Central Asia, 1906–08. In: Geographical Journal, 34 (S. 5–36).

Stein, Aurel M. (1912): Ruins of Desert Cathay: Personal Narrative of Explorations in Central Asia and Westernmost China. London.
（英）奥里尔·斯坦因著，巫新华、伏霄汉译：《斯坦因中国探险手记》，沈阳：春风文艺出版社，2004年。

Stein, Aurel M. (1921): Serindia: Detailed Report of Explorations in Central Asia and Westernmost China, 5 Bde. London & Oxford (repr. Delhi: Motilal Banarsidass 1980).
（英）奥雷尔·斯坦因著，巫新华等译：《西域考古图记》，桂林：广西师范大学出版社，1998年。

Stein, Aurel M. (1928): Innermost Asia: Detailed Report of Explorations in Central Asia, Kan-su and Eastern Īrān, 4 Bde. Oxford.
（英）奥雷尔·斯坦因著，巫新华、秦立彦、龚国强、艾力江译：《亚洲腹地考古图记》，桂林：广西师范大学出版社，2004年。

Stein, Aurel M. (1933): On Ancient Central-Asian Tracks: Brief Narrative of Three Expeditions in Innermost Asia and North-Western China. London.
Sir Aurel Stein著，向达译：《斯坦因西域考古记》，上海：中华书局，1936年。
（英）奥里尔·斯坦因著，巫新华译：《沿着古代中亚的道路：斯坦因哈佛大学讲座》，桂林：广西师范大学出版社，2008年。

Tamm, Eric Enno (2011): The Horse that Leaps Through Clouds, A Tale of Espionage, the Silk Road and the Rise of Modern China. Berkeley.

Tongerloo von, Alois/Knüppel, Michael/Gabsch, Toralf (2012): Theodor Bartus — Forschungsreisender, Museumstechniker und Restaurator. In: Auf Grünwedels Spuren. Restaurierung und Forschung an Zentralasiatischen Wandmalereien. Berlin (S. 30–41).

Tongerloo von, Alois/Knüppel, Michael (2015): Briefe von Albert v. Le Coq an Gustaf Richard Raquette aus den Jahren 1907–1927. In: Zentral-Asiatische Studien 43. Bonn (S. 269–309).

Turfanforschung (2007): Broschüre der Berlin-Brandenburgischen Akademie der Wissenschaften. Berlin. http://turfan.bbaw.de/.

Turfan-Forschung an der Berlin Brandenburgischen Akademie der Wissenschaften, Berlin: http://www.bbaw.de/forschung/turfanforschung/.

Walravens, Hartmut (1988): Albert Grünwedels Briefwechsel. Eine neue Quelle zur Vorgeschichte des Museums für Indische Kunst, Jahrbuch der Stiftung Preußischer Kulturbesitz 25 (S. 125–150).

Walravens, Hartmut (2004): Albert Grünwedel-Leben und Werk. In: Durkin-Meisterernst/Raschmann/Wilkens/Yaldiz/Zieme (Hg.): Monographien zur Indischen Archäologie, Kunst und Philologie 17, Turfan Revisited: The First

Century of Research into the Arts and Cultures of the Silk Road. Berlin (S. 363–370).

Yaldiz, Marianne (1987): Archäologie und Kunstgeschichte Chinesisch-Zentralasiens (Xinjiang) = Handbuch der Orientalistik, 7.3.2. Leiden.

Yaldiz, Marianne (2000): The History of the Turfan Collection in the Museum of Indian Art. In: Orientations, 31.9 (S. 75–82).

Zaturpanskij, Choros [i.e.: A. v.Le Coq] (1912): Reisewege und Ergebnisse der deutschen Turfan-Expeditionen, Orientalisches Archiv 3 (S. 116–127).

图书在版编目（CIP）数据

丝路探险 ：1902－1914年德国考察队吐鲁番行记 / （德）卡恩·德雷尔著 ；陈婷婷译. -- 上海 ：上海古籍出版社，2024. 10. --（亚欧丛书）. -- ISBN 978-7-5732-1204-7

Ⅰ. K924.5

中国国家版本馆CIP数据核字第2024H6G384号

Licensed edition for Shanghai Classics Publishing House Co., Ltd.
First published in Germany in 2015 under the title “Abenteuer Seidenstrasse. Die Berliner Turfan-Expeditionen 1902–1914”
© 2015 E. A. Seemann Verlag in the E. A. Seemann Henschel GmbH & Co. KG, the author and Museum für Asiatische Kunst – Staatliche Museen zu Berlin

亚欧丛书

丝路探险

——1902—1914 年德国考察队吐鲁番行记

［德］卡恩·德雷尔　著

陈婷婷　译

上海古籍出版社出版发行

（上海市闵行区号景路 159 弄 1—5 号 A 座 5F　邮政编码 201101）

（1）网址：www. guji. com. cn

（2）E-mail：guji1 @ guji. com. cn

（3）易文网网址：www. ewen. co

上海雅昌艺术印刷有限公司印刷

开本 787 × 1092　1/16　印张 21.75　插页 2　字数 494，000

2024 年 10 月第 1 版　2024 年 10 月第 1 次印刷

印数：1—2，100

ISBN 978 - 7 -5732- 1204 - 7 / K · 3625

审图号：GS（2020）1703 号　定价：166.00 元

如有质量问题，请与承印公司联系